Wulf Kirsten
Die Prinzessinnen im Krautgarten

Zu diesem Buch

Liebevoll und genau sind Wulf Kirstens Erinnerungen an seine Kindheit im sächsischen Klipphausen in der Nähe von Meißen. Mit viel Witz und Phantasie schildert er Orte, Menschen und Ereignisse, die ihn geprägt haben: den Hof, der nichts ist als ein kleiner Flecken zwischen Haus, Schuppen und Garten, die beiden alten Prinzessinnen von Reuß, die bis 1945 im Schloß des kleinen Ortes leben und deren geheimnisvoller Garten hinter der hohen Mauer die Phantasie der Kinder anregt. Er berichtet vom Obstdiebstahl mit Gleichaltrigen und wie er sich mit einem Freund im Roggenfeld verlief, erzählt von den qualvollen Leibesübungen im Jungvolk der Hitlerjugend, von den Entbehrungen der Nachkriegszeit, vom vorbeiziehenden Flüchtlingsstrom und vom Hunger, aber auch vom Glücksgefühl, das ein Pfund frisches Brot wecken kann. Mit den poetischen Geschichten aus seiner Kindheit wird Kirsten zum Zeugen einer untergegangenen Lebenswelt.

Wulf Kirsten, geboren 1934 in Klipphausen / Sachsen, arbeitete als Kaufmannsgehilfe, machte 1960 das Abitur und studierte Germanistik und Russisch. Von 1964 bis 1987 war er als Verlagslektor in Weimar tätig, wo er seitdem als freier Schriftsteller lebt. Er veröffentlichte Gedichte und Essays und erhielt für sein Schaffen zahlreiche Preise, zuletzt 2002 den Schillerring der Deutschen Schillerstiftung.

Wulf Kirsten
Die Prinzessinnen im Krautgarten

Eine Dorfkindheit

Piper München Zürich

Ungekürzte Taschenbuchausgabe
Piper Verlag GmbH, München
März 2003
© 2000 Ammann Verlag & Co., Zürich
Umschlag / Bildredaktion: Büro Hamburg
Isabel Bünermann, Julia Martinez /
Charlotte Wippermann, Katharina Oesten
Foto Umschlagvorderseite: Sigrun Rost
Foto Umschlagrückseite: Brigitte Friedrich
Satz: Dörlemann Satz, Lemförde
Druck und Bindung: Clausen & Bosse, Leck
Printed in Germany   ISBN 3-492-23652-9

www.piper.de

DER HOF

Da ich keine falschen Vorstellungen aufkommen las‍-
sen möchte, gestehe ich lieber gleich, daß unser Hof
in Wirklichkeit gar keiner war. Jedenfalls nicht das, was
man gemeinhin mit einem so bezeichneten Ort verbindet.
Man kann in dieser Bezeichnung den Wunsch erkennen,
der sich in dieser verbalen Aufbesserung zu erkennen gab:
einen richtigen Hof zu besitzen. Räumlich, der puren
Platznot geschuldet, ließ sich dies jedoch nicht bewerk‍-
stelligen. Unser Hof war nur ein halbwegs eben gemachter
Gang vor der Längsseite des Hauses von allenfalls doppel‍-
ter Breite einer Heiste. Eingezwängt zwischen Garten und
Schuppen, der nur ein Schauer war. Dieser bescheidene
Anbau war im rechten Winkel ans Haus gesetzt worden.
Bis in urgroßväterliche Zeiten hatte er als Schmiedewerk‍-
statt gedient. Ein paar vom Rost angenagte Ackerwagen‍-
reifen galten als Beweisstücke für diese Behauptung. Das
Mauerwerk war quer von stattlichen Rissen durchzogen.
Die nicht tief genug gesetzte Grundmauer auf der laufen‍-
den Berglehne, die bestrebt war, nach Wettergüssen ins
Tal der Wilden Sau zu gelangen, wollte nicht aufhören,
sich zu senken. Der zu gewärtigende Einsturz ließ jedoch
wunderbarerweise auf sich warten. Jahr um Jahr. Immer‍-
hin solange meine Kindheit währte. Zuweilen wurden die
Risse, von denen es halb scherzhaft, halb verächtlich hieß,
man könne durch sie einen Hut werfen, mittels saftiger

Kellenladungen zugeworfen, zugestopft und am Ende einigermaßen geglättet mit der blanken Kellenunterseite und dem Streichbrett, das zur Hand zu sein hatte. Wie sorgfältig auch ausgeschmiert wurde, es blieb auf Dauer ein vergebliches Unterfangen. Denn bald zeigten die Risse ihr Geäder, das sich durch die Bruchsteinwand zog, wieder in alter Schönheit.

Hinter dem auf einer teils meter-, teils mannshohen Trockenmauer stehenden Lattenzaun, der so lawede geworden war, daß er längst einer Erneuerung bedurft hätte, fiel der Berg sogleich ab bis in den Talgrund, aus dem das geschwätzige Gemurmel des Baches heraufdrang, das alle Zuhörer auf eine mildherzige Weise zu beruhigen und zu besänftigen wußte. Für alle Dorfbewohner blieb das über ein steinernes Geröllbett schlürfende Wasser immer und ewig nur die Bach. Dieser stete, festgewordene Genusgebrauch prägte diese Form so hart, daß ich späterhin in anderen Regionen meine Schwierigkeiten haben sollte, mich an den Gebrauch des maskulinen Artikels zu gewöhnen. Und ich muß gestehen, in meinen Ohren klingt die Bach auch heute noch viel passender und schöner als der Bach.

Das normalerweise ausgesprochen friedfertige Nebenflüßchen der Elbe wußte eine beachtliche Fülle vokalisierter Wasserzustands- und Befindlichkeitsformen von sich zu geben. Je nach Wasserführung. Wir verstanden die Sprache des fließenden Wassers, das es unterhalb unseres Hauses ein wenig eiliger hatte als andernorts, ganz gut. So wie bei lang anhaltender Sommertrockenheit die Bach ganz verstummen konnte, ließ sie nach starken Regenfäl-

len ein geradezu leidenschaftliches Rauschen und Gur-
geln vernehmen. Ganz zu schweigen von jenen gefährlichen Tagen, an denen sie Hochwasser mit sich führte
und zum reißenden Strom wurde, der breit über die Ufer
trat und die Brückenbögen zu zerstören trachtete. Dann
lag das harmlose Flüßchen den Anliegern im Tale bedrohlich genug in den Ohren, während wir oben auf dem
Berge nichts von ihm zu befürchten hatten. Unser Teil
war und blieb immer nur sein Gesang.

Der mit Apfel- und Birnbäumen geschmückte Wiesenhang, auf den sich zwei Eichen und eine Salweide
selbsttätig eingeschmuggelt hatten, gehörte zur Ritter-
mühle und wurde als Futterfläche genutzt. Nutznießer
waren die beiden Pferde, die vor den Brotwagen gespannt
wurden und sich als Feldbesteller zu bewähren hatten.
Im Mai schäumte die Berglehne zu einem einzigen weißen Blütenmeer auf. Wer würde heutzutage noch an
einem solchen Hang die Sense schwingen wollen? Wozu
auch? Auf den Bandstegen, die sich in gleichmäßig ge-
wellten Linien am Bergrücken entlangzogen, ließ sich
der Schiebbock nur mit großem Geschick bugsieren.
Wenn er hoch mit Gras bepackt war, Sense, Gabel, Rechen tief in die Ladung gestochen, mußten der Müller
oder seine Viehmagd höllisch aufpassen beim Schieben
und Balancieren mittels der beiden Holme, um nicht
samt Ladung und Gefährt von der schmalen Fahrbahn
abzukommen.

Auf diesem abschüssigen Gelände, in dessen Umzäu-
nung sich immer wieder ein Durchschlupf fand, hatten
sich die Kinder der Nachbarschaft unveräußerbare Be-

sitzerrechte eingeräumt. Der Wiesenhang zwischen dem Mühlgraben und unserem Gartenzaun war ein Ort, an dem es sich wunderbar ungestört spielen ließ. Aber auch einfach dazusitzen, zu beobachten, ins Tal und ins Dorf zu blicken, dem blanken Müßiggang zu obliegen, geriet, wenn ich es leibhaftig bin, den ich da in meiner Erinne⁄ rung sehe, zu intensiver Weltbetrachtung aus eigenem Anschauen, wo nichts im Husch vorüberflog, wo man vielmehr alles schön langsam in sich einziehen lassen konnte.

Der wettergeschützte Hof wäre ein idealer Ort für Sonnenbäder gewesen. Des öfteren schlugen Besucher meinen Eltern vor, die Freilandterrasse zu überdachen und in eine Veranda zu verwandeln. So dachten Städter. Der Hof blieb ein Arbeitsplatz. So wie er dem Gelände abgerungen und eingerichtet war, schien er die einzig mögliche Fasson zu haben. Die vielen Gegenstände und Materialien, die auf dem Hof ihren Platz finden und halten mußten, warteten darauf, gebraucht zu werden. Schubkarre, Hackstock, Wäscheböcke und gegabelte Wäschesteifen standen auf Armlänge jederzeit griffbereit. Mittendrin noch eine Schattenmorelle. Eine selbstver⁄ ständliche Ordnung, die sich aus Unordnung zusam⁄ mensetzte. So wie minus mal minus plus ergibt. Ein phantastisches Ergebnis dieser Umschlag. Enge und Schlichtheit wurden nie als solche wahrgenommen. Etwa mit einem Gefühl des Bedauerns. Großzügigkeit konnte unter solchen Umständen allerdings schwerlich gedei⁄ hen. Erst viel später ging mir auf, welcher Reichtum und welche bereichernde Dingfülle in dem so bescheiden di⁄

mensionierten Geviert beschlossen lagen und welchen Schutz dieser Platz bot. Nicht nur vor den rauhen Winden, die sich dem Haus auf dem Berge klangreich mitteilten, besonders deutlich, wenn sie im Ofenrohr winselten und wir diese Ankündigung eines Wetterwechsels sehr wohl zu deuten und zu berechnen wußten. Die Enge des zusammengedrückten Hofes, eine Faltschachtel, die sich nicht entfalten ließ, war das alltägliche Maß, an das man von klein auf gewöhnt war und das man widerstandslos hinnahm.

Die Sicht reichte weit über das Tal hinweg. Ins Dorf hinein und bis zum Sachsdorfer Gemeindebusch hinüber, aus dem Kuckuck und Pirol riefen, bis zur Ochsenwiese, auf der wir im Winter rodelten, solo und in Kette. Die sich jenseits des völlig zerfahrenen Schimmricher Weges aufbuckelnden Felder reichten bis zum Horizont und schienen sich in der Unendlichkeit zu verlieren. In diesem Gefühl wurde man vor allem dann bestärkt, wenn die riesigen Getreideschläge eingepuppt standen. Hocke an Hocke, Reihe neben Reihe. Die ansonsten einförmig geglättete Landschaft war dann mit einem grobkörnigen Raster überzogen. Im Mittelpunkt des Gesichtsfeldes thronte das Rittergut mit den Wirtschaftsgebäuden. Einen Flügel davon nahm das Schloß ein, das allerdings nur wenig Ähnlichkeit mit einem der sonst üblichen, meist prächtigen feudalen Landsitze hatte. Jedenfalls architektonisch gesehen. Dieser Herrensitz erinnerte sehr stark an den voluminösen Kornspeicher mit mehrstöckigen Schüttböden, in dem sich nach dem Bauernkrieg zunächst die Herren und Damen von Ziegler und Klipphausen, später im Wechsel eine Reihe anderer dem sächsischen Landadel zugehörige Geschlechter herrschaftsmäßig etabliert hatten, um die Bauern besser im Blickfeld zu haben und leichter dämpfen zu können, wenn es sie noch einmal gelüsten sollte, sich unbotmäßig zu zeigen und an den Herrschaftsverhältnissen zu rütteln. Der Schreck muß tief gesessen haben.

Der zum Schloß umfunktionierte Kornspeicher blieb durch die Jahrhunderte in den auf profane Zweckmäßigkeit ausgerichteten Betrieb eingebunden. So befand sich denn auch im Zentrum des vorderen Gutshofes anstelle eines dekorativen Springbrunnens als einziger Zierat ein bemooster Sandsteintrog. Jederzeit mit klarem Wasser gefüllt, das eine nie versiegende und versagende Röhrfahrt von weither zuführte. Dort tränkten die Kutscher die Ackergäule und Zugochsen, wenn die Tiere den Weg nicht von selbst dorthin fanden. Hoch über der Hofeinfahrt verband ein überdachter Fachwerkbau das Schloß mit dem Inspektorhaus. Diese auf Balken ruhende Brücke mit den vier kleinen Fenstern auf jeder Seite ist in meiner Erinnerung in den Rang eines Triumphbogens aufgerückt, unter dem hindurch die Rittergutskutscher mit angeklatschten Mistfuhren oder tropfenden Jauchefässern auf die Felder zockelten.

Vor dem Schloß duckten sich die Gärtnerei mit den Gewächshäusern, die Mühle, zu der eine Bäckerei gehörte und die gleichzeitig Bauernhof war. Um die Mühle herum wie mit einer Hand verstreut die Häuser des Winkels. Wohnung und Stall unter einem Dach. Am Ende stand das unsere, von der Straße ein Stück zurückgesetzt.

Das Stück Land vor dem Haus blieb ein ewiges Streitobjekt. Der Inspektor erklärte es zum Eigentum des Ritterguts. Vater hingegen behauptete steif und fest, es gehöre zum Haus. Diese Fläche wurde als Wendeplatz und
Zugang zum Feimenplatz beansprucht, weil benötigt.
Über dem Mühlteich erhob sich die ehemalige Brauerei,
die halb in den Berg hineingesetzt worden war. Eine
hohe Steintreppe führte zum Hauseingang. Darüber
gleich eine zweite, die scharf am Haus vorbei auf die
Schäferei hinaufführte. Ein zweiflügliges Rundbogentor,
gerahmt von einem romanischen Sitznischenportal,
führte in den Keller, den zu betreten ich nie Gelegenheit
fand. Im Winter sollen darin die Fledermäuse büschelweise gehangen haben. Über der Brauerei und dem von
Roßkastanien gesäumten Mühlteich stieg eine schanzenartige Böschung hinauf. Darüber stand, nicht zu übersehen, ein langgestrecktes Gebäude, der Schafstall. Obwohl da oben noch zahlreiche andere Behausungen,
Stallungen und Speicher standen, hieß der gesamte
Komplex nur »Auf der Schäferei«. Überragt wurde
diese Anhöhe von zwei Feldscheunen, deren Fassungsvermögen beträchtlich war. Daneben die allherbstlich
neu erbaute gewaltige Strohfeime. Exakt quadriert und
mit Hilfe eines Elevators und vieler Gabeln einsturzsicher in die Höhe gezogen. An die Umfassungsmauer
des herrschaftlichen Bereichs gelehnt, das Reich des
Obstpächters, ein Labyrinth bretterner Bruchbuden, in
denen sein Faktotum hauste, der alte Lange, dem es
oblag, geflügelte und von kleptomanischen Zwängen beflügelte Obstdiebe zu verscheuchen. Da aber die mit

Obstbäumen bestandenen Feldränder und Wiesenpläne von einer Person nicht zu übersehen waren, vermochte er nur wenig auszurichten. Ließ er sich im Revier unserer Diebeszüge blicken, waren wir auf und davon, so daß er fast nie einen zu fassen bekam. Gefährlicher war es da schon, bei den Streifzügen durchs Geäst vom scharfen Auge des Obstpächters erblickt zu werden. Mit ihm war nicht gut Kirschen essen. Ältere Jahrgänge wollten wissen, in Friedenszeiten, auf die so vieles Rühmliche zurückgeführt wurde, habe er mit der Schrotflinte nach Kirschdieben geschossen, ganz gleich, ob ihnen Flügel gewachsen waren oder nicht.

Jeder dieser Blickpunkte war ein Stück meiner Welt. Ausgeforscht bis in den hintersten Brennesselwinkel. Ausgekostet jeder fruchttragende Baum und Strauch. Pferdeställe, Heuböden, Wagenremisen, Schirrkammern durchstöbert. Jedes Schlupfloch durch lebende Hecken und Staketenzäune gefunden. Jedem Fußpfad nachgegangen, die glitschigen Mühlwehre gequert, Koppeln, Lehmgruben, Steinbrüche samt Pulverkammern erkundet. In jedem Tümpel und Tonloch gegründelt, nahezu durch jedes Schleusenloch gekrochen. Kein Flurstück blieb unentdeckt. Wir liefen uns die Heimat an den nackten Fußsohlen ab. Auf Dauer vermochte sich vor uns nicht eines er sechzig Häuser, aus denen das Dorf bestand, zu verstecken.

Kein Tag verging, an dem die Augen nicht wenigstens einmal dieses Blickfeld im Halbkreis abnahmen und durchmusterten. Man hätte am Ende schon gar nicht mehr hinsehen brauchen. Das Auge wußte die Bilder

längst im voraus. Dennoch wurde es dieser Okularinspek-
tionen nie überdrüssig.

Sobald der Himmel ein Einsehen mit uns hatte, verwandelte sich der Hof im Handumdrehen in eine Werkstatt
unter freiem Himmel. Neben der Haustür standen Holzpantoffeln, Schlappen, von der Gartenarbeit gezeichnete
Botten. An der Hauswand, auf deren hellem Graupelputz
die Sonne am intensivsten auflag, trieb ein Weinstock am
Spalier hoch bis zur Dachrinne. Die frischen, zarten Ranken schmeckten besser als Sauerlump. Jedes Jahr haben
wir Kinder aufs neue davon probieren müssen, um den
Geschmack nicht zu vergessen. Ehe die Trauben reif
waren, hatten wir heimlich alle Beeren, die in erreichbarer
Höhe hingen, abgeknipst, mochten sie noch so quietsch-
sauer schmecken. Für die oberen Lagen waren die Vögel
zuständig. Fast jedes Jahr fiel der Mehltau auf Trauben
wie auf Blätter. Seine Lohe machte alles grau und krätzig,
als wäre Zementstaub angeflogen. Selten gab es einen
Herbst, der eine richtiggehende Ernte bescherte. Zumeist
lohnte es erst gar nicht, die Leiter ans Spalier zu lehnen.
Der verknorzte Rebstock wurde in Ehren gehalten wie ein
Hausheiliger. Obwohl so ziemlich jedes Gewächs danach
taxiert wurde, welchen Ertrag es abwarf. Kein Baum, kein
Strauch wurde mit derartiger Geduld und Nachsicht ge-
hegt wie der Wein. Da mochte eine tiefverwurzelte Ehr-
furcht im Spiel sein, gegen die das bäurische Nütz-
lichkeitsdenken nicht ankam. Jahr für Jahr wurden die
Ranken hoffnungsvoll zurückgeschnitten, der Bewuchs
auf Spaliergröße gehalten, der Stock vor Frost geschützt.

In der Hoffront des halb offenen Schauers war der Kaninchenstall gleich einem Einbaumöbel eingelassen. Ein dreiteiliger Wandschrank, je vier Boxen oder Buchten, wie wir sagten, übereinander. Die durchgehenden Türen waren mit verzinktem Netzdraht beschlagen. Die mit Schwartenbrettern ausgeschlagene Rückwand war von den Jauchbahnen versottet und schwarz eingefärbt. Sobald es heiß wurde, begann es aus dem Stall zu stinken. Im Winter wurde eine fast zentnerschwere Planendecke vorgehängt, die vor Frost und Ostwind schützte. Vor der Bodenreform, als wir weder Wiese noch einen Feldrand besaßen, suchten wir das Futter mühsam von den Wegrändern zusammen. Wir sichelten Schafgarbe, Gänsefingerkraut und Spitzwegerich, rissen die großen, haarigen Bärenklaublätter, brachen Haselnußzweige, stachen Disteln, auch jene, die Milch gaben, wie die ebenfalls willkommenen Maistöcke. Was sich im Vorbeigehen fand, wurde mitgenommen, und wenn es Klee war, der den Korb füllen half.

Der Hof war nur notdürftig befestigt, mit grob zugehauenen Granitstücken, wie sie dem Pflasterer gerade zur Hand gewesen waren. Auf den buckligen Steinen konnten wir Kinder uns nach Herzenslust die Knie aufschrammen. Einmal schlug ich mir eine hochkant stehende Betonplatte auf die Beine, an der ich verbotenerweise so lange gerüttelt hatte, bis sie zu kepeln begann und auf mich fiel. Ich wurde kurzerhand im Handwagen verstaut und dem Arzt vorgeführt. Ab in die Stadt mit verbundenen Knien. Ein blutiges Bündel Elend.

In einem ausrangierten Waschkessel weichten jederzeit

Kartoffeln. Ehe der Tagesbedarf in den zweihenkligen eisernen Topf gelesen wurde, nahm man einen bis auf den Stumpf abgekehrten Birkenbesen zur Hand und rumpelte damit kräftig in der lehmigen Brühe herum. Hing keine Wäsche auf dem Hof, war gewiß Holz zu sägen oder zu hacken, in den Tragkorb zu lesen und auf den Hausboden zu tragen, wo Scheit für Scheit fein säuberlich eingesetzt werden mußte. Kästeln nannten wir diese subtile Beschäftigung. Oder es war Kalk zu löschen, Sand zu sieben, Mörtel zu mischen, Beton in eine selbstgebaute Form zu stampfen. Eine ergatterte Fichtenstange bekam erst dann ihren vollen Wert als Baumpfahl oder Zaunriegel, wenn sie entrindet worden war. Wenn das Langholz auf zwei Maurerböcken lag, wurde das Schnittemesser angesetzt und gezogen, bis es blank war. Und wie oft mußte eines der Fahrräder repariert werden! Noch ein Flicken auf den Schlauch gesetzt oder unter den Mantel gelegt.

Als wir in den Nachkriegsjahren einmal zwei Schweine großzuziehen suchten, von denen eines zur Selbstversorgung bestimmt war, das andere als »freie Spitze« die Versorgung mit Fleisch aufbessern helfen sollte, machte Vater die böse Entdeckung, daß beide Tiere von auf Schweine spezialisierten Läusen befallen waren. Auf ihren Körpern tummelten sich beträchtliche Populationen dieser aus dem Nichts aufgetauchten Parasiten. Es wimmelte nur so von diesen ungebetenen Mitbewohnern. Vater wußte keinen anderen Rat, als die beiden Hoffnungsträger in den Hof zu locken, sie zuvor dazu zu bringen, nicht vor der Treppe zurückzuschrecken, die von dem Hausanbau in den Hof hinunterführte. Er und aus gerechnet ich, mit Küchenstühlen ausgerüstet, nahmen sich je eines der Tiere vor, klemmten es längs zwischen die Knie und fahndeten nach dem Ungeziefer. Keine Laus sollte und durfte überleben, wenn die Pleinair-Aktion von Erfolg gekrönt sein sollte. Also hatte ich es, Widerwille hin, Widerwille her, Vater einfach gleichzutun und die lieblichen Tierchen zu packen und zwischen zwei Finger- nägeln, wozu die nicht alles gut sind, zu knacken. Das Geräusch war nicht zu überhören. Die Prozedur zog sich hin. Denn die Schweine hielten nicht still und versuchten zu entwischen aus ihrer Klemme. Sie versuchten die sel- tene Gelegenheit eines Freigangs zu nutzen und wollten viel lieber im Hof schnuffeln und mit ihren Rüsselschnau- zen im Erdreich wühlen. Also Schwein bändigen, den Knien die Kraft von Schraubzwingen geben, ablesen, knacken. Eine sitzende Beschäftigung, die wohl im Hand- umdrehen zu erlernen, jedoch weit widerwärtiger war als Mist aufzuladen und dann wieder schön säuberlich gleichmäßig auszubreiten oder Jauche zu tragen und mit gekonnten Armschwüngen aus dem Schöpfer zu vertei- len. Halbkreis um Halbkreis.

Unter den wenigen Habseligkeiten, mit denen Vater aus Krieg und amerikanischer Kriegsgefangenschaft zu- rückkehrte, befanden sich zwei verchromte Metallbüch- sen mit Schraubverschlüssen, randvoll gefüllt mit einer tiefvioletten, metallisch glänzenden Substanz, zumeist aus kristallinen Blättchen bestehend. Übermangansaures Kali sollte bei uns in der Familie rasch zu einem Zauber- wort avancieren. Ansonsten auch Kaliumpermanganat geheißen und vornehmlich als Desinfektionsmittel verwendet. In den Jahren, als Medikamente schwer zu erlangen waren, verordnete Vater die leicht lösliche und enorm ergiebige, farbintensive Chemikalie bei jeder Gelegenheit als Allheilmittel so wie auch Luvos-Heilerde. Beides äußerlich und innerlich zu gebrauchen. Sie sollten auch die Tierarztrechnungen sparen helfen, so sehr glaubte Vater an die Heilkraft. Hatte jemand Halsschmerzen, wurde eine Prise in Wasser aufgelöst und mit der nicht sonderlich angenehm schmeckenden Tinktur gegurgelt. Eine Ziege freilich konnte sich dazu nicht verstehen. Aber Umschläge und Bäder waren schon möglich. Mitunter soll übermäßiger Gebrauch das Wasser des Bachlaufs im Tale eingefärbt haben. Von Verfärbungen des ohnehin indefiniten Elbwassers ist indes nie etwas bekannt geworden. Woher Vater seine Feldscher-Weisheiten bezogen hatte, ließ er uns nie wissen. Vielleicht hatte er sich die diversen Anwendungsgebiete nur zusammengereimt oder gänzlich ausgedacht wie so manches andre auch, was er zum besten gab. Der Vorrat war schier unerschöpflich, als ob die Kristalle sich selbsttätig vermehrten. Vermutlich hatte er bei Kriegsende den kompletten Bestand einer Heeresapotheke oder mindestens eines Feldlazaretts erbeutet, für den keiner mehr Verwendung hatte, während er aus allen Gegenständen, die er herrenlos herumliegen sah, einen Nützlichkeitswert für seine Zwecke abzuleiten wußte. So wie er eines Tages auch ein im Straßengraben liegendes leeres Teerfaß nach Hause bugsierte, zweihundert Liter Fassungsvermögen. Da er darin Teichwasser zu transportieren gedachte, um die Gemüsekulturen auf dem Felde versorgen zu können, mußte es erst einmal gesäubert werden.

Aber wie die Teerreste beseitigen? Da half seiner Meinung nach nur ausbrennen. Kaum den brennenden Strohwisch hineingehalten, erhob sich das Faß und begann zu fliegen. Fast in Firsthöhe des Hauses wurde die nicht geplante Flugübung abgebrochen, und das Faß donnerte zu Boden. Vater und wir umstehenden Kinder hatten uns eilends in Sicherheit gebracht, da die Flugbahn nicht vorausberechnet worden war. Immerhin war das Faß nach der bedrohlichen Himmelfahrt, die durchaus auf dem Dach hätte zu Ende gehen können, umfunktioniert und konnte fortan als Wasserfaß auf eine zweirädrige Karre geladen werden. Leer ein Pappenstiel, aber gefüllt mehr als vier Zentner Last, die bergauf gedeichselt und gezogen sein wollte auf holpriger Straße.

Unter der Schattenmorelle wurde in einer großen Holzwanne die Wäsche gerumpelt. Mutter stand über das Waschbrett gebeugt. Oft gesehen, nicht vergessen. Einmal erlebte ich bei dieser unvermeidlichen Prozedur einen Zwischenfall. Ich höre und sehe Mutter laut um Hilfe schreiend die aufgeböckte Wanne umkreisen. Großmutter, die uns Kinder so gern hatte, mit einem langen Messer in der Hand immer dicht hinter ihr her. Dabei versicherte sie unablässig, Mutter erstechen zu wollen. Weiß der Himmel, was in sie gefahren sein mochte, so fuchtig zu werden. Ob ein Wutanfall in sie eingeschossen sein mochte aus einer Nichtigkeit heraus oder ob sie tatsächlich, wie behauptet wurde, nicht mehr ganz richtig im Oberstübchen war? Anlaß und Hintergründe blieben mir, damals sechs oder gar schon sieben Jahre alt, verborgen. Ich weiß auch nicht, ob jemand aus der Nachbar-

schaft dazwischenging, ob Mutter die Flucht vom Hof gelang oder wie sonst Großmutter von ihrem Vorsatz
abkam. Jedenfalls blieb Mutter unverletzt, äußerlich. In
meinem Erinnerungsspeicher ist nur das Bild eines Wett-
laufs gespeichert: Zwei um die Waschwanne rennende
Frauen. Großmutter von einer erstaunlichen Behendigkeit
und Leichtfüßigkeit, nahezu körperenthoben, plötzlich
von allen Altersgebrechen freigesetzt. Sehr merkwürdig.
Ausgerechnet dieses Bild, das der Rekonstruktion bedarf,
um zu einem faßbaren Kontext zu kommen, ist mir als
Lebensausschnitt nachgelaufen. Uns Kindern hat Großmutter nie ein Härchen gekrümmt. Sie saß mit uns
auf dem Steinblock vorm Tor, barfuß wie wir oder ihre
schwarzen Filzschuhe an den Füßen. Gelegentlich gab sie
uns zu essen. Und wenn ihre Speisen auch manchmal bereits verdorben waren, gab sie immer in der Absicht, uns
etwas Gutes zu tun. Sie brachte es einfach nicht übers
Herz, Lebensmittel wegzuwerfen. Zeitlebens hatte sie sich
strengste Sparsamkeit auferlegen müssen. Und davon
wollte und konnte sie nicht mehr abgehen. Kurze Zeit
nach ihrer Messerattacke wurde Großmutter von zwei
Männern in ein Auto genötigt, wohl das erste, das vor unserem Haus hielt, und in ein Altersheim gebracht. Später
hörte ich, sie sei unter Kuratel gestellt worden. Ihr Vor-
mund, Lehrer Bancke, der sich ab und an auf unserem
Hof hatte blicken lassen, um nach dem Rechten zu sehen,
habe die Ausquartierung veranlaßt. Danach habe ich
Großmutter nie mehr gesehen. Nur auf ein, zwei Fotos.
Nie kam ein Brief oder eine Karte. Wie ich mich überhaupt nicht entsinnen kann, daß sie jemals etwas zu

Papier gebracht hätte. Hin und wieder besuchte sie jemand aus der Verwandtschaft. Wir fuhren nicht zu ihr. Die Lebenszeichen blieben spärlich. Bevor der erste Nachkriegswinter einsetzte, ist sie gestorben. Einundachtzig Jahre alt. Auf der Sterbeurkunde war als Todesursache Altersschwäche angegeben. Sicher hat sie in den Jahren ihrer Verbannung nie genug zu essen gehabt. Aber weit schwerer soll sie an Heimweh nach ihrem Oberstübchen gelitten haben, dessen Unordnung ihr kein Mensch auszutreiben vermocht hatte. Das Schiebefensterchen, von dem aus sie auf den Hof geblickt hatte, war gerade so groß, daß sie ihren Vogelkopf hindurchstecken konnte. Von dort aus hatte sie beobachtet, was auf dem Hof und im Dorf, das ihre weite Welt war, vor sich ging, und ihre meschanten Kommentare abgegeben, wenn sie nicht gerade mit ihrem klapprigen Handwägelchen draußen herumzog oder mit uns Kindern einträchtig vor dem Schuppentor saß. Hinter ihrem Rücken besorgten zwei wohlgenährte Katzen, ihre geliebten Mausehaken, den Abwasch.

Zum leidigsten Problem unseres Hauses auf dem Berge gehörte die Wasserversorgung. In meinen frühesten Kindheitsjahren befand sich in der Mitte des Hofes noch ein Brunnen, über zehn Meter tief. Wie andre aus der Nachbarschaft in den Fels gehauen. Er kann hundert, ebenso zweihundert Jahre in Betrieb gewesen sein. Das Wasser schöpfte ein Bottich, der an einem Seil befestigt war, das über eine hölzerne Rolle lief, die mit einer Handkurbel in Bewegung gesetzt werden mußte, wenn Bedarf war. Wehe, wenn das Schöpfgefäß abhakte oder das Seil riß, weil es sich zu oft an einer Felszacke gerieben hatte. Dann war guter Rat teuer. Dann blieb am Ende nichts anderes übrig, als zwei Leitern übereinanderzubinden und einen Mutigen zu suchen, wie in der populären Ballade. Später, als der Brunnen nicht mehr als Wasserspender genutzt wurde, diente er jahrelang als Müllschlucker. Schutt und Asche rutschten immer wieder nach. Inzwischen hatte Vater einen neuen Brunnen im Garten gegraben. Ehe er ans Werk ging, war ein Rutengänger mit seiner Zwille ums Haus herumgelaufen, um die günstigste Wasserstelle herauszufinden dank der erdmagnetischen Kräfte, die seinen Armen und seiner Haselnußgabel, die er waagerecht ausgestreckt in Bauchhöhe vor sich herführte, innewohnen sollten. Je stärker das Wasserreservoir in der Tiefe, desto wilder und konvulsivischer zuckte und schnippte die Zwille auf und ab. Auch in unserem Falle soll sie ihm entsprechende Winke gegeben haben. Ich selbst habe die Zwille, nicht viel größer als unsere Katapulte, Katscher genannt, leider nicht mit eigenen Augen in Bewegung gesehen. Deshalb muß ich mir Zurückhaltung auferlegen. Auf alle Fälle schenkten meine Eltern dem wundertätigen Manne Glauben. Vater hackte, schaufelte, grub. Mit der Brechstange wuchtete er die Kaventsmänner aus dem verkiesten Geröll. Mit Fäustel und Spitzeisen mußten Granitblöcke abgespellt werden, die den Weg in die Tiefe versperrten. Von Meter zu Meter wurde oben über dem Erdloch ein neuer Betonring aufgesetzt, danach hatten die bereits eingelassenen selbsttätig nachzurutschen. Jedenfalls unter idealen Bedingungen. Steigeisen waren einzusetzen. Mutter leierte den Kies und die Steine eimerweise heraus. Das Seil lief über ein eisernes Rad, das in einem

Dreibock hing. Erst in dreizehn Metern Tiefe stieß Vater auf Wasser. Viel Freude hatten wir indes an dem Bauwerk nicht. Das mit Hand betriebene Pumpsystem versagte wieder und wieder. In dem Rohrgestänge mußte sich ein Wurm eingenistet haben, der den Wasserfaden reißen ließ, bevor ihn der Schwengel nach oben drücken konnte. Zu allem Übel drainierte der Nachbar seine unter unserem Garten liegenden Wiesen, womit er uns vollends das Wasser entzog und uns trockenlegte. Nach dem Krieg versuchte Vater noch einmal sein Glück. Er vertiefte den Brunnen um weitere zwei Meter. Diesmal ohne Ringe, da sich die Röhre in der Erde festgefressen hatte und an ein Nachrutschen nicht mehr zu denken war. In halber Höhe baute Vater eine Plattform ein, auf die er einen Motor setzte, der aber auch nur kurzzeitig funktionierte, bald zu bocken anfing, ehe er vollends versagte. Der Effekt dieser gefährlichen Plackerei war gleich Null. Das unterirdische Wasserwerk wollte seinen Zweck ganz einfach nicht erfüllen. Der Brunnen wurde aufgegeben. Ich mußte zum Glück danach nie wieder bis auf die Plattform hinunterhangeln, um Vater zu helfen. Allein der bloße Gedanke an diese verflossenen Handlangerdienste weckt ungute Gefühle. Wir waren wiederum gezwungen, das Trinkwasser aus dem Brunnen des Nachbarn zu pumpen und fahrtenweise heranzuschleppen. Sparsamer Verbrauch verstand sich bei dieser mühevollen und zeitaufwendigen Beschaffung von selbst. Aber wie oft mußte der Waschkessel oder eine Wanne gefüllt werden! Wasser marsch! hieß es tagaus, tagein, sommers wie winters. Für jeden im Hause, der zwei Eimer tragen konnte. Wie Blei hingen die gefüllten Wassereimer an den Armen. War über Nacht Schnee gefallen, mußte erst Bahn geschoben oder ge-schaufelt werden. Erst als das Unterdorf und mit ihm auch unser Häuslerwinkel an das Wassernetz der Ge-meinde angeschlossen wurde, hörte die Schinderei end-lich auf.

Der Lattenzaun, der eine Grenze zwischen Hof und Garten zog, war erst recht von Altersschwäche gezeich-net. Malerisch garniert mit Gießkannen, Zinkäschen, Töpfen, Scheuerhadern. Eigentlich sollte er die Hühner von den Beeten fernhalten. Diesen Zweck hat er jedoch niemals erfüllt. Ein Schlupfloch fand sich immer zwi-schen Blechtafeln, Schieferstücken, Pflöcken und der-gleichen Zierat. Am Ende flogen die ewigen Unruhe-stifter gar noch über die Zaunspitzen hinweg. Sogleich wurde beschlossen: Nie mehr Italiener! Nie mehr weiße Leghorn! Schwere Hühner müssen her, auch wenn diese nicht so tüchtige Eierleger sind. Damit endlich wie-der Ruhe einkehrt. Was nehmen? Rhodeländer? New Hampshire? Orpington? Gesperberte Mechelner. Alles schon einmal ausprobiert und wieder verworfen. So wurde der Hof, auf dem die Hühner ihr Futter vorgewor-fen bekamen und auf dem sie ihr Staubbad nahmen, auch zum Prüfstand der Hühnerzucht. Letztlich machten aber doch wieder die angeblich an Rentabilität nicht zu übertreffenden Weißen Leghorn das Rennen in Hof und Garten. Ungeachtet ihrer Geländegängigkeit und der sträflichen Vorteile, die sie aus den Gemüsekulturen zogen.

Auf dem schmalen Streifen zwischen Mauer und nachbarlichem Wiesenhang, der stillschweigend beiderseitig als Niemandsland hingenommen wurde, gediehen Brenn‚ nesseln und Pfeifenkraut. Letzteres wucherte in über‚ mannshohen Beständen. Nicht auszurotten. Holunder‚ gesträuch hatte sich an einigen Stellen in das poröse Mauerwerk eingekrallt. Aus den Bruchsteinritzen ließ sich das Schöllkraut nicht vertreiben. Mit seinem gelben Saft wurden Warzen betupft. Auf daß sie vergingen. Manchmal lief einer der beiden Anlieger mit einer alten Sense an der Mauer entlang und fällte die verholzten Stengel.

Als einmal während der Kriegsjahre ein starker Gewit‚ terguß die Grenzmauer, die bis zum Gartenende führte, auf einigen Metern Breite zerstört und den Berg hinunter‚ gerissen hatte, forderte Mutter vom Bürgermeister Hilfe an. Er sorgte dafür, daß vier kriegsgefangene Franzosen abkommandiert wurden, die Bresche im Grundstück wieder zu schließen. Sie kamen ohne Wächter. Stumm sah ich von oben zu, wie sie aufräumten, die Steine hoch‚ asteten und mit ihnen die Mauer wieder instandsetzten. Mutter brachte ihnen zu essen und zu trinken, obwohl ihr dies ausdrücklich verboten worden war. Ich sollte es ja niemandem erzählen, daß jeder der vier eine große Butter‚ semmel in die Hand gedrückt bekam. In diesem unwirt‚ lichen Streifen Niemandsland hielt sich in den letzten Kriegstagen ein Mann aus der Nachbarschaft verborgen, auf dessen Haus wir vom Hof aus sehen konnten. Es ge‚ hörte zu jenen Anwesen, die das Hochwasser mit Vorliebe heimsuchte. Durch seinen Vorgarten floß der Mühlgra‚ ben, ehe er in einem Tunnel verschwand, um die Straße zu queren und an der Rittermühlenwiese wieder ans Tageslicht zu kommen. In dem üppig aufgeschossenen Brennessel-Pfeifenkraut-Holunder-Gestrüpp hatte er sich verkrochen. Dort lag er tagelang versteckt. Seine Frau wird ihm wohl nächtens zu essen gebracht haben. Unser Zaungast wollte für den schäbigen Rest des Krieges nach einem Urlaub nicht zu seiner Truppe zurückkehren. Er zog es vor, sich seitwärts in die Büsche zu schlagen. Damals hieß man das desertieren. Wir wußten nichts von seinem Aufenthalt dicht vor unserem Hof. Und bis heute weiß ich nicht, wo genau er sich versteckt hielt, damals, wie er es so lange in den Brennesseln ausgehalten hat. Reichlich verdutzt und etwas verschreckt sahen wir den uns nicht unbekannten Dorfbewohner aus den Brennesseln auftauchen, sahen, wie er sich geisterhaft aufreckte, zwei Zaunlatten umklammernd. So fragte er in den Hof hinauf und hinein: »Ist der Krieg zu Ende?« Als wir ihn wissen ließen, die Luft sei rein, er könne nach Hause gehen, verließ er sein Versteck als aufrechter Mann und schlich sich als Frühheimkehrer ins Dorf ein. Wären die Kettenhunde des Durchhalte-Generalfeldmarschalls Ferdinand Schörner seiner ein paar Tage vor Kriegsende habhaft geworden, hätten sie ihn als Vaterlandsverräter gehängt, so wie andernorts geschehen.

Unter dem Schauer, zur Straße durch ein zweiflügliges Tor geschlossen, in das eine Pforte eingelassen war, zur Hofseite offen, stand ein Tafelwagen mit schmalen Aufsteckbrettern. Ein Gefährt, das mit dem Jahrhundert mitgerollt sein mochte. Noch gut erhalten und recht stabil, weil selten benutzt. Ursprünglich wohl vornehmlich für

Möbeltransporte in urbanen Gefilden bestimmt. Vater hatte das Vehikel auf einer Versteigerung billig erworben. War der Wagen beladen, mußten sich möglichst gleich zwei Personen ins Zugseil legen und mindestens ebenso/viel schieben helfen, wenn es bergauf ging, was für uns lei/der immer zutraf, heimwärts. Neben dem Tafelwagen hingen Sensen, Rechen, ein kurzstieliger Krell, Jätehak/ken, Breithacke und dergleichen nützliches Werkzeug. Auch ein Dreschflegel befand sich unter diesen Gerät/schaften. Er wurde allerdings nur noch selten geschwun/gen. Nur dann, wenn die Halme einiger Roggengarben zu Bettstroh verarbeitet wurden. Das Getreide, das wir auf abgeernteten Feldern nachlasen, brachten wir lieber zu ei/nem Bauern im Dorf, der die paar Körbe Ähren durch die Dreschmaschine prasseln ließ. Im Handumdrehen war die bescheidene Körnerausbeute gesackt und auf den Handwagen geladen. Der Müller lieferte uns dafür Sup/penmehl und Schrot.

Die kurze Leiter, die unter dem Schuppendurchgang hing, wurde immer dann gebraucht, wenn jemand auf den Schuppenboden steigen mußte. Einen anderen Zugang da hinauf gab es nicht mehr, seit Vater die Verbindungstür zum Wohnhaus zugemauert hatte, damit nicht immer wieder einer in Versuchung geriet, mit dem vollen Heu/korb durch das Schlafzimmer zu laufen. In der Dielung war eine Luke ausgesägt, die ein Fremder von unten schwerlich bemerkte. Eine Art Geheimtür, zu der nur die Hausbewohner Zugang oder Zustieg hatten. Dort oben trocknete in den Nachkriegsjahren, als wir von der Bo/denreform ein klein wenig partizipiert hatten, der Tabak, unser Tabakfeld. Auf dünnen Drähten hingen die Blätter zwischen den Balken. Sehr schön anzusehen, wenn die Sparren völlig zugehängt waren. Noch schöner anzuhö⸗ ren, wenn es beim leisesten Lufthauch im Blätterwald zu rascheln begann. Vorher aber mußte Blatt um Blatt, grün gebrochen, geblattet, geduldig aufgefädelt werden. Eine mühselige und äußerst langweilige Beschäftigung. Päpel⸗ arbeit. Schlimmer noch als Erbsen oder Bohnen aushül⸗ sen. Oft hatten die grünen großen Blätter ein derartiges Gewicht, daß der Draht, jeweils von Balken zu Balken ge⸗ spannt, riß. Platsch, sausten die Blätter nach unten und rutschten aus der Fädelung. Dann begann das Gedulds⸗ spiel von vorn. Dabei war Eile ohnehin immer geboten. Die Packen durften nicht zu lange lagern, da sie leicht heiß wurden und brühten. Im Herbst ließ sich das ganze Tabakfeld in einem Sack verstauen, der auf den Gepäck⸗ träger des Motorrads geschnallt werden konnte. Jede Pflanze war von ihrem Besitzer dazu angehalten worden, eine Mark Gewinn abzuwerfen. Eine einfache Rechnung, die auch den in derlei Zahlenakrobatik weniger geübten Landleuten einleuchtete, vor allem nachdem dieser und jener seine Erfahrungen mit der Gewinnträchtigkeit zum besten gab. Jeder rechnete sich den Verdienst im voraus aus, wenn er wußte, wieviel Pflanzen er hochgebracht hatte. Kurz und gut, es handelte sich immer um eine er⸗ kleckliche Summe. Diese Anbauphase, die sich epide⸗ misch ausbreitete, endete indes schon nach wenigen Jah⸗ ren wieder.

Nicht immer ging die Rechnung auf. Bald ließen die meisten die Hände von diesem Erwerbszweig, weil sich die Vorausrechnung mit dem tatsächlichen Gewinn nicht deckte. Wer erst einmal mit dem Blauschimmel, der die Ernte gründlich verderben konnte, Bekanntschaft geschlossen hatte, wollte keine Wiederholung einer solchen Pleite. Der Einsatz war zu hoch.

Viel schöner war es jedoch, aus freien Stücken im Halbdunkel des Bodens herumzukrauchen. Welch ein Abenteuer, in den hintersten Winkeln zu stöbern und auszuforschen, was da alles aufbewahrt wurde. Nie habe ich etwas gefunden, das ich des Mitnehmens für wert und würdig befand. Viel wichtiger als das Finden war das Suchen, die Bekanntschaft mit dem unbekannten Gegenstand. Im Grunde war es wohl doch eine Einübung in das Finden, die Möglichkeit einer Entdeckung, wie unwahrscheinlich sie auch immer sein mochte. Der kaum zu gewärtigende, aber doch nicht gänzlich auszuschließende Glücksfall, auf etwas Wunderbares, längst Vergessenes zu stoßen. Eine Art Lotteriespiel, das Neugier und Langeweile ausgeschrieben und inszeniert hatten. Stacheldrahtrollen, Kreuzhacken ohne Stiel, Scheffelskörbe mit geflickten Böden und gesplissenen Henkeln, staubige Fischbütten, gefüllt mit rostigem Eisenkram, waren nicht gerade das, was ich suchte.

Für das Steinmetzwerkzeug des Vaters, teils in Kisten aufbewahrt, teils in einem Regal ausgebreitet, das die Giebelspitze füllte, hatte ich keinerlei Verwendung. Auch kaupeln ließ sich damit nicht. Kaum daß ich all diese Gegenstände zu benennen gewußt hätte: Zahneisen, Schlageisen, Spitzeisen, Scharriereisen, Krönel, Nuteisen, Schlegel, Knüpfel, Stockhammer. Der Fachmann mag das Inventar der edlen Zunft komplettieren. Von dem kleinen Giebelfenster konnte man von höherer Warte auf die Wiese des Müllers sehen, über die Baum-wipfel hinweg, mitten ins Dorf hinein, bis zum Mühl-teich hinüber, aus dem an warmen Sommerabenden die Frösche sich in einer solchen Vielzahl und Lautstärke vernehmen ließen, daß ihr gequaktes Unisono als eine empfindliche Störung des dörflichen Abendfriedens emp-funden wurde. Während ich heutzutage jeden Tümpel und Weiher, aus dem sich auch nur noch ein einziger Frosch vernehmen läßt, zu einer Heilen-Welt-Parzelle zu erheben geneigt bin. Doch die Nachklänge solcher Grundtöne, die meine Kindheit lautmalend begleiteten, werden immer seltener. So daß wenig Veranlassung be-steht, eine Inflationierung derartiger Wiedererkennungs-zeichen zu befürchten.

Bei schönem Wetter wallfahrteten an den Wochen-enden Scharen von Spaziergängern das wildromantische Tal hinab. Zwischen Mühlgraben und Bach führte ein Fußweg unter einer Reihe altehrwürdiger Kopfwei-den entlang, an vier Mehlmühlen vorüber, die auf Was-serkraft und eigene Schwachstromerzeugung setzten. Die Schmalspurbahn, der die Städter im hellen Sonntagsornat entstiegen, ist demontiert, dank einem puritanischen, kleingläubigen Ökonomismus, dem es an Weitsicht man-gelte. Eine ganze Bahnlinie samt Zubehör ins Alteisen geworfen, als das Zeittempo eine höhere Stundenge-schwindigkeit vorschrieb, die auch mit äußerster Kraftan-strengung seitens eines Schaufel schwingenden Heizers nicht zu erreichen war.

Die geplante Talstraße, die durch das Tal der Wilden Sau bis zur Elbe hinunterführen sollte, blieb glücklicherweise unausgeführt. Ein Voreiliger, Übergeschäftstüchtiger, der eilends ein Talstraßen-Café installierte, als das Projekt ins Gespräch kam, wartete vergeblich auf die erhoffte Kundschaft und mußte binnen kurzem Konkurs anmelden. So gelangte man auch weiterhin nur auf einem Holper-Stolper-Pfad zur Elbe. Dabei ist es geblieben. Noch Mitte des vorigen Jahrhunderts soll die Begehung ein halsbrecherisches Abenteuer gewesen sein. Die sonntäglichen Fußgängerscharen haben sich verlaufen. Den pfingstseligen Stimmenschwall, der auf den Hof heraufdrang, habe ich im Ohr behalten als eine Ausdrucksform der Lebensfreude, die uns oben auf dem Berge nicht zukam und deshalb abging. Ich immer in der Rolle des Zuschauers und Zuhörers. Eines Zaungastes, dem von einer ganz anderen Lebensform Kunde wurde und der an solchen Tagen meinte, vor seinen Augen laufe das Leben, das wahre Leben vorüber, zum Greifen nahe. Ein Gefühl der Trauer wallte auf, von dieser Wallfahrt der Lebenslust ausgeschlossen zu sein. Dieses Bild – alle strahlenden Sonntage der Kindheit zu einem einzigen Pfingstwunder verdichtet – ist von blühenden Obstbäumen übersät. Auf dem maifrischen Rasen bleicht die Wäsche, die von Zeit zu Zeit aus Gießkannen besprengt wird. Die Bleicherinnen bücken sich über den Mühlgraben, um Wasser zu schöpfen, gegen den Strom, immer nur so. Ganz einfach, aber man muß es wissen. Diese Pfingstseligkeit, die sich der Landschaft mitteilte und die mir da entgegenschlug, kontrastierte mit der Werktagswelt auf unserem Hof und auf den Feldern, die sich vor meinen Augen breiteten, wenn ich das Tor öffnete oder über das Tal hinwegsah. Der Weg vor dem Tor führte, bis er eingeackert wurde, zur Kirche ins Nachbardorf, deshalb Kirchweg geheißen. Bergauf ein von alten Birnbäumen überschatteter Hohlweg, die Huhle genannt. Zu seiten nur das blanke Rittergutsland. Der Feimenplatz für die Futterrüben auf einem schmalen Ackerstreifen, der bis an unser Haus heranreichte. Über diesen Weg schurrte die Schafherde, bei Trockenheit eine lange Staubfahne hinter sich herziehend, von zwei Hütehunden umkreist. Der Schäfer ging einige Schritte vor der Herde, bedächtig, als hätte er eine rituelle Handlung zu vollziehen. Zweimal in der Woche rumpelte die Brotfuhre aus der untersten Mühle heran. Der Bäckergeselle trug das Brot selbst aus. Er verstand sich auf sein Handwerk und konnte seine Hand beruhigt und guten Gewissens auf sein Produkt legen. Allerdings pflegte er seinen Vierpfündern zwanghaft noch eine Winzigkeit nachträglich hinzuzufügen, als müsse er seine Wertarbeit nun auch noch vor unser aller Augen besiegeln. Dem chronisch erkälteten Bäcker hing stets ein Tropfen an der Nase. Gebannt harrten und starrten wir Kinder, wann und wohin der Tropfen fallen werde. An den einen Tropfen, mehr waren es wirklich nicht, niemals, konnte sich Mutter nur schwer gewöhnen. Aber sie konnte sich nicht dazu durchringen, aus seinem Kundenkreis abzuspringen. Der Güte des Brotes tat diese unfreiwillige Zutat postnumerando wahrlich keinen Abbruch. Das Schicksal muß es wohl so gewollt haben, daß der perfekt-patente und zudem pünktliche Bäckergeselle eines elendiglichen

Todes starb. Weiß der Himmel, wofür es sich an ihm rächte. Auf dem Heimweg durchs Weißeritztal, den er ungeachtet des über die Ufer getretenen Flusses zu erzwingen gedachte, fiel er, durch die kniehohen trüben Fluten patschend, in einen Schleusenschrot, dessen Dekkel das Hochwasser ausgehebelt und fortgetragen hatte. Erst als die letzte Flutwelle zu Tale geschossen war, fand man den Ertrunkenen. Bekleidet wie immer, wenn er seine Brote austrug, mit einer schoßlangen abgewetzten braunen Lederjacke und Knickerbockern, wie nur er sie trug, immer mit offenen Schnallen. Bis in das feuchte Grab hinein, in dem er wie in der Fußgrube vorm Backofen stand.

Der Kirchweg, der seitab zur Mühle und geradeaus in den Nachbarort führte, war nur ein weltverlorener Feldweg aus Räderspuren im Lehm und dem grünen Deichselrain dazwischen. Benutzt wurde er hauptsächlich von den Pferde und Ochsengespannen des Rittergutes. Das angebrochene Maschinenzeitalter repräsentierten zwei vorsintflutliche Traktoren Marke McCormick. Wegen ihrer überdimensionierten, stachelbewehrten eisernen Hinterräder Spinne genannt.

Zu den Ochsenkutschern, die zur Wehrmacht eingezogen worden waren, gehörte auch SchnürMäusel, ein Junge aus unserem Häuslerwinkel, mit dem ich, wie es mir scheint, doch eben noch zur Schule gegangen war. Noch im letzten Schuljahr ohrfeigte ihn der Lehrer, weil er am in die Schulbank eingelassenen Tintenfaß gespielt und sich die Finger dabei beschmiert hatte. Daß man sich ausgerechnet so etwas gemerkt hat. Als er nach der Aus bildung noch einmal zu seiner Pflegemutter auf Urlaub kam und in seinen Erzählungen von Platzpatronen und scharfer Munition die Rede war, rannten wir gemeinsam vom Gasthof nach Hause. Dabei lehrte er mich, beim Laufen den Mund geschlossen zu halten und nur durch die Nase zu atmen. Das einzige Andenken, das ich von der letzten Begegnung mit ihm behalten habe. Warum ich diese einfache Lehre nicht vergaß, die er mir als älterer Freund beim Dauerlauf durch unser Unterdorf erteilte? Ich weiß es nicht. Ich will auch gar nicht erst lange daran herumdeuteln und rätseln. Es ist so. Es ist so gewesen, nur dafür kann und will ich mich verbürgen. Schnür-Mäusel galt nicht als besonders schlau in der Schule. Es reichte hin, am Tintenfaß gespielt und sich die Finger beschmiert zu haben, um mordsjämmerlich verdroschen zu werden vom Dorfschulmeister. Das war sein Teil. Mit vierzehn Jahren ins Leben entlassen, wurde ihm ein herrschaft-liches Ochsengespann anvertraut, für kurze Zeit. Nun sieh zu, wie du damit fertig wirst. Dann brauchte ihn Hit-ler für seinen Krieg. Kurze Zeit nach unserem Lauf in höchst ungleicher Besetzung hieß es, er sei an der Ostfront verschollen. Und bei dieser vagen Nachricht ist es dann auch geblieben. Es kam kein Zeichen mehr von ihm. Kein Grabstein, kein Ort auf dieser Welt erinnert an Werner Juhrisch, wie das Ziehkind der Schnür-Mutter mit bür-gerlichem Namen hieß. Da er nicht viel mehr besaß als das Hemd, das er auf dem Leibe trug, und reinweg so gar nichts zum Hinterlassen hatte, hebe ich ihn aus der An-onymität. Stellvertretend für die viel zu vielen anderen sei-nesgleichen, die ich gekannt habe. – Sie alle auf den

Kriegsschauplätzen des Zweiten Weltkriegs als Kanonenfutter sinnlos geopfert.

Bei Regenwetter trugen die Kutscher Sackkapuzen. Kartoffelsäcke, einen Zipfel nach innen gezogen. Goß es in Strömen, kamen die Landarbeiter wie die Heinzelmännchen von den Feldern gerannt. Dann standen sie unter unserem Schuppen und warteten, bis der Regen nachließ. Kehrten die Frauen in Kolonne von der Feldarbeit heim, eine Hacke geschultert, einen Krug in der Hand, hieß es bei uns nur: »Die Hofeweiber kommen.« Das war Großmutters Ausdruck. Sie hatte nie auf dem Rittergut gearbeitet. Die Steigerungsform »Hofeweiber-Hofeweiber« galt als Hohn. Ähnlich wie wir Kinder es aus unerfindlichen Gründen nie unterlassen konnten, den Sackflickerinnen, die auch mit riesigen Nadeln zu stopfen wußten, halb neckend, halb schmähend zuzurufen: »Säcke flicken! Säcke flicken! Un de Meestern hat keene Lust!« Mag sein, es handelte sich um lokalgebundene archetypische Rudimente des Volksvermögens, die wir da übernommen hatten und einfach nachplapperten. Ähnlich den Lockrufen Hatsch-Hatsch, Migge-Migge, Hiez-Hiez, Huhle-Huhle, Biele-Biele, die man zur Verständigung mit den Haustieren für unverzichtbar hielt.

Der Hof war aber nicht nur eine Freiluftwerkstatt und ein Beobachtungsposten, von dem aus die ganze Welt geortet werden konnte. Er war auch ein Ort der Kommunikation, wie schon das kurze, aber doch lebenswichtige Gespräch mit dem Deserteur am Zaun angedeutet hat. Ich, dem so viele positive Eigenschaften abgingen, die einen perfekten Landbewohner auszeichnen, wurde von unbändiger Wißbegier, die für Neugier gehalten wurde, geplagt. So interessierte mich jeder Besucher. Vor allem, welches Anliegen er vorbrachte, was er an Neuigkeiten zu erzählen wußte. Ob es um Geben oder Nehmen ging. Was man nicht schon wieder auszuborgen bestrebt war. Kamen die Nachbarn oder überhaupt Dorfbewohner, erfuhr ich, was sich Neues zugetragen hatte, wem etwas Betrübliches oder Erfreuliches zugestoßen war, was ein Dritter über einen Vierten gesagt hatte oder immerhin gesagt haben sollte, wer wessen Milch in seine Kanne umgefüllt hatte im Schutz der Dunkelheit. Es konnte sein, was es wollte. Dem einen verreckte die Ferkelsau samt Ferkeln, weil zuviel Blausäure ins Futter gelangt war, dem andern kalbte ein Ochse unter der Ofenbank. Der mündliche Lokalanzeiger funktionierte vortrefflich. An Zuverlässigkeit und Wahrheitsgehalt nahm er es allemal mit jedem Druckerzeugnis auf. Letzterem mißtraute man da weit mehr. Die Nachrichten rollten wie von selbst von Mund zu Ohr und verbreiteten sich in Windeseile wie die Löwenzahnsamen. Den mundgerecht geschliffenen, polierten Worten wuchsen gleichsam Flügel und Widerhaken.

Waldläufer Manoli, der einen langen gelben Stockzahn sehen ließ, wenn er ein freundliches Gesicht aufsetzte, brachte Haselnüsse. Von ihm ging die Kunde, er habe schon im besten Mannesalter an zwei Stöcken gehen müssen, wenn auch nur tagsüber. Nachts sei er wie ein Wiesel gelaufen. Wenn es sein mußte, mit einem Zentnersack auf dem Rücken. Und bei den vielen Kindern, die er zu ernähren hatte, mußte es halt oft sein. Es hieß, er habe die unwahrscheinlich-unheimliche Fähigkeit besessen, in brenzligen Situationen spurlos vom Erdboden verschwinden zu können. So soll der Rittergutsinspektor, im Bunde mit dem Schäfer, vergeblich versucht haben, ihm das Getreidedeputat, das er sich widerrechtlich angeeignet hatte und das auf keiner Liste erfaßt war, wieder abzujagen. Aber Manoli witschte im letzten Moment gleich einer Maus in irgendein Loch. Er muß ein System von Schlupfwinkeln gekannt haben, das sein großes Geheimnis blieb. Keinem gelang es, ihn in flagranti zu erwischen. Er war ein Meister seines Faches. Tagsüber, wie gesagt, war er gebrechlich; so hinfällig, daß er mühsam an zwei Stöcken durchs Dorf hatschte. Beide Rollen spielte er ausgezeichnet. Mutter kaufte seine Haselnüsse, die er den Eichhörnchen des Tännichts gerade noch rechtzeitig zu entziehen gewußt hatte.

Herbstens stellte sich die Gänserupferin ein. Sie benötigte für ihre Arbeit weiter nichts als einen Küchenstuhl und einen der großen Zinkäsche. Die Gänse waren der Reihe nach einzufangen. Dann drehte sie den Schreihals auf den Rücken, klemmte ihn zwischen die Beine und begann die Bauchfedern auszureißen. Die Gänse wurden »gerooft« (gerauft), um neue Federn zu produzieren. Das gab erst Bettfedern, dann Federbetten.

Die Postfrau, gleichzeitig Inhaberin eines winzigen Lebensmittelgeschäftes, vormals Kolonialwarenladen auf der Firmentafel geheißen, kam am Ende ihrer Tour auch zu uns, wenn ich ihr nicht schon den Weg abgenommen hatte. Während der Schulferien lungerte die ganze Ko-

rona vor dem Lädchen herum, in Erwartung des Postau-
tos, dessen Ankunft zum herausragenden Ereignis des
Tages wurde, wenn nicht unvorhergesehen etwas Unge-
wöhnliches geschah wie der Abwurf eines Paketes aus
einem Flugzeug, dessen Pilot der Sohn von Inspektor
Meschke war. Das Paket ging dicht neben dem Inspektorhaus in der Gärtnerei nieder. Aber dies geschah nur ein
einziges Mal. Auch die Reiterin auf dem Schimmel blieb
eine ebenso flüchtige wie märchenhafte Erscheinung. Die
Übergabe des Postsacks war hingegen eine verläßliche
Sache. Bald danach drängten und zwängten wir uns vor
der Ladentafel, über die Briefe und Karten gereicht wurden. Briefe davonzutragen war in den letzten Kriegsjahren
mitunter eine traurige Angelegenheit, um die wir uns da
eben noch gerissen hatten. Zweimal trug ich Briefe ins
Nachbarhaus, die zurückkamen mit dem Vermerk »Gefallen für Großdeutschland«. Jeder der Jungen, die es
nicht erwarten konnten, bis die Post ins Haus gebracht
wurde, lebte mit Mutter und Geschwistern in Furchthoff-
nung auf ein Überlebenszeichen des Vaters oder der älteren Brüder.

In jenen Jahren, als Vater nicht zu Hause war, gehörte
auch Fischers Oswin, der Gemeindearbeiter, zu jenen, die
hin und wieder zum Tor hereinsahen. Zum Wohle der
Gemeinde war er stets mit einer zweirädrigen Karre unterwegs, in der Breithacke, Schaufel und Spaten lagen, mit
denen er die Straßen, deren Ränder und Abzugsgräben in
Ordnung hielt. Zur Pflaumenernte lehnte er, wenn Mutter ihn darum bat, die langen Leitern in die alten Sturzel.
Dann konnte ich wieder auf einen der überalterten Bäume

hinaufsteigen, die in dichter Folge längs des oberen Gartenzaunes und vorm Tor standen. Die vollen Pflückkörbe wurden in alle verfügbaren Gefäße geleert. Und wenn die Ernte üppig war, in meiner Erinnerung war sie das immer, füllten wir auch noch die hölzerne Waschwanne. Eines Herbsttages nach Kriegsende ist der ewig hilfsbereite Oswin, der im Armenhaus wohnte und selbst nicht einen einzigen Baumstrunk besaß, beim Pflaumenpflücken von der Leiter gefallen und hat sich das Rückgrat gebrochen. Ein Opfer der eingefleischten Pflückerehre, keine einzige Frucht auf dem Baum verkommen zu lassen, sei sie noch so schwer zu erlangen. Diese Ehre ist mit ihm ins Grab gesunken.

Turnusmäßig beehrte uns der lange Erich, um die Zählerstände abzulesen und dabei seine Witze zu machen, die er unterwegs aufgelesen haben mochte. Sein Nachfolger, ein etwas zartbesaiteter Mann aus Ostpreußen, pflegte sich jedesmal auf Flügeln des Gesanges anzukündigen: »Der Lichtmann ist da! Der Lichtmann ist da!« Der Alteisenhändler fuhr mit einem Dreirad von Haus zu Haus. Der Fellaufkäufer verstaute die auf dem Spannrahmen gedörrten Kaninchen- und Katzenfelle im Rucksack und auf dem ausladenden Gepäckträger. Der Schornsteinfeger, den wir nur als Essenkehrer oder Feuerrüpel kannten, pflegte wie der lange Erich zu scherzen und Witze zu reißen. Als er im letzten Kriegsjahr gegenüber Bauer Faulkuß, dem die vormalige Roßbergsche Mühle gehörte, aus seinem Herzen keine Mördergrube machte, als man zur Lage der Nation sprach, äußerte: »Wir pfeifen auf dem letzten Loch«, wurde er von seinem

Gesprächspartner verpfiffen und eingesperrt. Als er im Jahr darauf als Überlebender im Dorfe auftauchte, um den Leuten aufs Dach zu steigen, und sich um das Befinden seines Denunzianten sorgte, mußte er erfahren, daß dieser bereits unter der Erde lag. Wir Kinder hatten um Bauer Faulkuß, wo nur angängig, immer einen Bogen geschlagen, aus Erfahrungen gewitzt, wissend, daß er ein ewiger Knörchelfritze war und immer etwas auszusetzen fand. Er hatte zu jenen Dorfbewohnern gehört, die darauf bestanden, daß wir sie vorschriftsmäßig mit dem Hitlergruß beehrten.

Einmal besuchte uns eine junge Litauerin, zur Zwangsarbeit auf das Rittergut deportiert. Sie holte Großmutters Küchenschrank. Man hatte ihr einen Verschlag über der Brennerei zugewiesen, der seit Olims Zeiten nicht mehr bewohnt gewesen war und in dem es am Nötigsten fehlte.

Seltene, aber treue Besucher waren die vielen ambulanten Händler, die damals noch über Land zogen. Unter ihnen der Essigmann aus Cossebaude, bei dem der Jahresbedarf gedeckt wurde. Der Seifenmann kam aus Coswig. Von ihm bezog Mutter die Kernseife riegelweise, solange es überhaupt noch welche gab. Von dem buckligen Heftmann aus Dresden kaufte Mutter so manches Buch. Von ihm bezogen wir mehrere Karl-May-Romane in Fortsetzungsheften, die ich, um ungestört zu sein, im Hühnerstall oder unter die Frühbeetfenster geduckt verschlang und die sich nach der Lektüre im Kleiderschrank stapelten. Von seinen Zweigroschenheften ist mir eines besonders nachhaltig im Gedächtnis geblieben: »Mit dem

Fahrrad nach Nordafrika« von Rolf Italiaander. Ich schmökerte das Heft auf einen Ritt durch, ließ mich vom Sirenengeheul nicht unterbrechen. Mutter nahm dem Kolporteur, der mit dem Fahrrad das Dresdner Hinterland abklapperte und geistig über Wasser zu halten suchte, immer etwas ab aus seiner bescheidenen Kollektion. Teils aus Mitleid, teils aus Leseleidenschaft, die von ihr auf mich übergesprungen sein muß. Ein Erinnerungsstück aus seinem Kasten hat sich in meiner Bibliothek erhalten als Demonstrationsobjekt: Kurt Herwarth Balls Roman »Blaues Licht am Schwedenturm«. Nach dem verheerenden Angriff im Februar 1945 hat sich der Heftmann nie wieder sehen lassen bei uns. Wir mutmaßten, daß er zu den Opfern des Infernos gehört hat, in dem auch Onkel Franz, der Tapezierer, und mit ihm seine ganze Familie umgekommen sind. Bis auf den Sohn Helmut, der heil aus dem Krieg zurückkehrte und keinen von den Seinen mehr vorfand.

Hausierer klappten ihre Miniatur-Magazine auf und priesen zungenfertig ihre Kurzwaren. Alles prima Ware von bester Qualität. Einmalig, unentbehrlich in jedem gutgehenden, reibungslos funktionierenden Haushalt, der etwas auf sich hält. Alles aus schier unerschöpflichen Vorkriegsbeständen. Lauter letzte Gelegenheiten, die zu verpassen eine Sünde gewesen wäre. Also hieß das Gebot der Stunde, sich eindecken mit Sicherheitsnadeln, Stecknadeln, Fingerhüten, Stopfpilzen. Und erst recht all das, was nun wirklich gebraucht wurde: Heftel, Knöpfe, Reißverschlüsse, Zwirn und Nähgarn, Stoßband, Borten, Litzen, Gummiband. Weiß der Himmel, was sonst noch. Andere reisten mit Filzpantoffeln und Hausschuhen. Auch Latzschürzen aus blauer Leinwand, wie ich sie trug, Büchsenöffner, die angeblich wirklich das hielten, was sie versprachen, Backaroma-Imitate, Schnürsenkel und Schuhcremes wurden hingebungsvoll offeriert. Einst zog einer unverdrossen mit einem Handwagen über die Dörfer, auf dem nichts weiter stand als ein Faß mit Salzheringen, bis es in den Kriegsjahren mit dem Nachschub nicht mehr so recht klappen wollte. Der Heringsbändiger schwärmte aber noch immer von seinen Glanzzeiten, die jeweils an ertragreiche Kirschernten gebunden waren. Wenn man seinen Worten Glauben schenken durfte, mußten sich die Kirschpflücker seines Einzugsbereichs auf Salzheringe spezialisiert haben wie die Kirschkernbeißer auf Kirschkerne.

Gegen Kriegsende, als das Dorf von einem nicht mehr abreißenden Flüchtlingsstrom überschwemmt wurde, mußte jede Familie einigen Erschöpften für eine Nacht Obdach gewähren, auch wenn das Haus bereits überfüllt war mit Dauergästen. So wie bei uns ein Ehepaar aus Memel in Großmutters Stube hineingequetscht worden war. Einmal rastete eine Gruppe von Soldaten in unserem Wohnzimmer. Dicht an dicht saßen sie und aßen zu Abend aus ihren Brotbeuteln. Einer, der die Stiefel gegen leichte Turnschuhe eingetauscht hatte, wurde verspottet ob seiner Fürsorge, den Rückzug betreffend, auf dem sich alle befanden. Da machte man sich auf die extremen Geschwindigkeiten gefaßt, die ihnen abverlangt werden würden, wollten sie dem eiligst nachsetzenden Feind entkommen. Und wie sie wollten. Sie rannten um ihr Leben.

Sie waren auf der Flucht. In diesen chaotischen Tagen wurde ein Offizier bei uns vorstellig, dem zur Bekräftigung seines Anliegens zwei Soldaten zur Seite standen. Um sich bei der Rückwärtskonzentrierung rascher vom Feind absetzen zu können, suchten sie die letzten Fahrgelegenheiten zusammen, die sich bei der Zivilbevölkerung noch ausfindig machen ließen. Nun wurde also zu guter Letzt auch noch Vaters Leichtmotorrad, Marke NSU Quick, 98 Kubik, auf dem ich so gern gesessen hatte, für den Endsieg dringend benötigt. Seit Vater im Sommer 1940 hatte einrücken müssen, stand der Zatzsch in der Schmiedekammer auf dem Ständer, jederzeit fahrbereit, wenn auch nicht unangetastet. Wie oft hatte ich mich in den Sattel geschwungen, im Geiste Vollgas gegeben und den kundigen Motorradfahrer gemimt. Alles im Stand selbstverständlich, ohne einmal umzukippen. Sogar Benzin war noch im Tank. Nun, an einem der ersten Maitage, sollte das ausbaldowerte Fahrzeug der Kriegsmaschinerie, die sich bislang nicht mit Leichtmotorrädern abgegeben hatte, einverleibt werden. Pflichtschuldigst reichte ich Esel auch noch die Luftpumpe nach. Nicht ahnend, daß es sich bei dem Trio um Betrüger handelte, die im eigenen Auftrag requirierten. Leider hat sich der Wisch nicht erhalten, der Mutter mit wichtigtuerischer Miene überreicht wurde, als werde ihr ein kostbares Wertpapier übereignet, jederzeit einzulösen – nach Kriegsende! Der Nachbar, bei dem wir das Wasser holten, hatte sich besser zu helfen gewußt. Vorausschauend hatte er seinen Zatzsch in all seine Bestandteile zerlegt und an den verschiedensten Stellen seines Hauses deponiert. Die Generalüberholung war gerade in diesen Tagen unaufschiebbar gewesen. Und er hatte nun noch keine Zeit gefunden, das Motorrad wieder zusammenzusetzen. Als Vater nach Kriegsende einen langen Arbeitsweg zurückzulegen hatte, der allein vier Stunden dauerte, hätte ihm das Motorrad viel Zeit und Kraft gespart. Ich habe mich damals immer wieder geärgert, bei diesem Raub noch Handlangerdienste geleistet zu haben. Und ich hätte etwas drum gegeben, schon soviel Verstand und Geschick gehabt zu haben, es dem Nachbarn gleichzutun. Aber was war schließlich ein requiriertes, vielmehr gestohlenes Leichtmotorrad im Vergleich zu dem, was andere verloren hatten?

Ob sich Mutter an die Gebote des Eintopfsonntags hielt, weiß ich nicht mit Sicherheit zu sagen, zu verneinen. Wohl aber, daß Kartoffelstückchen, Kartoffelsuppe ein gängiges Essen waren, ehe in den Nachkriegsjahren deren Dominanz im Speiseplan die Zuselsuppe einnahm. Wovon ich hingegen mit weit mehr Gewißheit zu vermelden weiß, sind die Sammelaktionen für das Winterhilfswerk: Keiner soll hungern und frieren! Die Gesichter der Sammler, die uns beehrten oder vielmehr nicht ausließen im letzten Haus des Dorfes, sind mir zwar entfallen, aber die scheppernden, Münzen heischenden Büchsen mit den Blechhenkeln und die Hakenkreuzbinden an den Braunhemden habe ich scharf gestochen vor Augen. Für die Spende, der sich kaum einer zu entziehen wagte, auch Mutter nicht, erhielten wir irgendwelchen Krimskrams, eine neckische Kleinigkeit, die auf uns Kinder überging und sich rasch verkrümelte. Mal gab es einen Miniatur-

nußknacker, mal ein Bildchen, einmal, im letzten Kriegswinter, gab es ein Druckerzeugnis zum Aufhängen, zum
Beispiel an den Weihnachtsbaum. Ein Mini-Büchlein mit
Nazi-Liedern. Ich sehe mich zusehen, wie Mutter skep-
tisch-ungläubig darin blättert und liest. Wofür soll das
nun wieder gut sein? Solch ein Schnickschnack, und kein
Friedrich weit und breit. Laut liest sie: »... es zittern die
morschen Knochen ...« und lacht hellelaut auf. Damit
kam sie aber nicht gut an. Ihre spöttische Auslegung im-
ponierte den Büchsenbütteln nicht sonderlich. Mutter ist
nicht nur damals mit einem blauen Auge davongekom-
men. Mag sein, daß wir fünf Kinder in solchen Situationen so etwas wie einen Schutzschild bildeten. Das Mut-
terkreuz, das ihr zustand, zugestanden hätte, bekam sie
auch nicht. Da muß sie wegen einer Äußerung, die mit
dem Zeitgeschmack nicht ganz konform ging, angeeckt
sein.

Und immer und ewig kam einer aus der Nachbarschaft
angetrabt, um den Tafelwagen auszuborgen oder die beiden Maurerböcke, auch die Leitern waren begehrte
Objekte, nur waren das sorgsam gepflegte und gehegte
Stücke, für die so leicht kein Ersatz zu beschaffen war, seit
die Leitermänner aus dem Holzland nicht mehr durchs
Dorf zogen. Umgekehrt liefen wir los, wenn ein Brühtrog
oder ein Schweinekasten gebraucht wurde, wenn es bei
der herbstlichen Sirupproduktion auf Zuckerrübenbasis
an einer Presse mangelte, ohne die man aufgeschmissen
war.

In den Hungerjahren gaben sich die Besucher die
Klinke in die Hand. Da wurde in nicht abreißender Kette

um eine Scheibe Brot, um eine Kartoffel, um eine »Träne« Milch gebeten, tränenerstickt gebettelt. Oft konnte Mutter nicht nein sagen, wenn zu sehen war, daß es dem vom Hunger gezeichneten Bittsteller schon schwarz vor Augen wurde. Dann gab sie von unserer Ration, mit der wir selbst nicht satt wurden und das Gefühl ewigen Hungers nicht mehr loszuwerden vermochten.

Aus dem Quarantänelager, das im großen Tanzsaal des Gasthofs für die zwangsweise Vertriebenen eingerichtet worden war, kam ein Junge aus dem Riesengebirge, ein Suppentöpfchen in der Hand. Mutter stellte es mit auf den Herd. Hatte sie etwas hinzugetan, wurde er auf Ehre und Gewissen befragt anderntags, wie es denn ge⁄ schmeckt habe. Wir wußten dann schon, was er antwor⁄ tete: »Ooouh, os aar as Uuutes!« Und so hieß er denn fortan bei uns, der Junge aus dem Riesengebirge mit dem Wolfsrachen. Später arbeitete er als Knecht bei einem Bauern in der Umgebung, zu dessen Obliegenheiten es gehörte, Brautpaare zu kutschieren und den Leichen⁄ wagen zu stellen. Drei Wochen lang lagen die Leute in dem Quarantänelager nicht eben menschenwürdig auf Stroh. Mehrere hundert in einem großen Raum. Männer, Frauen, Kinder dicht an dicht. Einige wenige hatten Waschschüsseln aufgetrieben, die morgens auf der Bühne aufgestellt wurden. Ein Arzt war nicht zugegen. Im Dorf gab es nur eine Gemeindeschwester. Medizin war rar oder gar nicht vorhanden, vor allem immer gerade die, die lebensrettend benötigt wurde. Und so wurde auch gestor⁄ ben, auf Stroh. Wer die drei Wochen überstanden hatte, kam auf Transport, wurde irgendeinem Dorf der Umge⁄

bung zugeteilt, in dem er nicht gerade erwartungsvoll aufgenommen wurde. Aber dies hörten wir nur und erlebten
es als Alteingesessene, deren Haus mit Bewohnern bereits
bis zur unerträglichen und unverträglichen Enge vollgestopft war, aus zweiter Hand. Als das Lager aufgelöst
worden war, kamen die Hinterlassenschaften auf den
freien Platz vor dem Spritzenhaus. Schubkarrenweise
wurde da Kehraus gehalten. Am Ende wölbte sich da eine
Müllhalde, über die wir Kinder uns hermachten wie die
Saatkrähen, ob sich nicht doch noch etwas fand, was wir
des Aufklaubens für wert befanden in diesen zerbroche-
nen Utensilien im zerlegten Stroh und im Kehricht.

Als die Rote Armee, die Russen, wie es nur hieß, in unser Dorf einmarschiert, eingerollt, eingeritten war, quar-
tierte sich für einige Tage ein Stab in unserem Hause ein.
Da für dessen leibliche Belange unser Herd nicht aus-
reichte, installierte der Koch seine Küche feldmäßig auf
dem Hof zwischen Schattenmorelle und Gartenzaun. Ich
sah wieder einmal zu, wie so oft, wie meist in jenen Jahren. Wie der Mühlen-Onkel mit der roten Nase, den ich
immer nur am Mühlgraben sitzen sah vor einem Berg
Kartoffeln, sah ich nun den Koch ständig Kartoschka
schälen und Bratkartoffeln zubereiten in einem gewaltigen
eisernen Tiegel, den er von Zeit zu Zeit mit reichlich Öl
ausgoß. Darauf schnitt er mit einer von mir bewunderten
Geschwindigkeit die rohen Kartoffeln in gleichmäßig
dünnen Scheiben. So hatte ich das noch nie gesehen. Das
verblüffte mich. Denn wir hatten unsere Bratkartoffeln
immer nur von übriggebliebenen Pellkartoffeln gebrutzelt.
So begann auf unserem Hof das, was man die Neue Zeit

hieß. Leider verließ uns der Stab, während dessen Anwesenheit uns kein Haar gekrümmt wurde noch im Haus
der geringste Gegenstand abhanden kam, bald wieder.
Angst und Schrecken kehrten zurück.

SCHULE

Von einem Tag zum andern geht die Kindheit zu Ende. Wie ein Film, auf den die Augen gebannt starren, solange er läuft. Tief versunken, so tief, daß nichts anderes wahrgenommen wird. Einem Zustand der Trance gleichend. Dann steht man auf und geht davon. Noch ein wenig taumelig und benommen von dem Geschehen im Kino und vom grellen Tageslicht. Der Weg, auf dem man nun ausschreiten muß, ob man will oder nicht, ist eingestreut mit guten Wünschen. Wünsche, die unausgesprochene Zweifel einschließen. Was mag bloß aus ihm werden? Wird er es schaffen, sein Leben in die Hand zu nehmen und etwas daraus zu machen, oder wird er es verspielen? Es gibt so viele Möglichkeiten, sich zu verlieren. Noch ist alles offen.

Das Dorf mit seinen sechzig Häusern und dreihundertfünfzig Seelen bleibt zurück. Dieser vielleicht doch nicht nur hypothetische Mittelpunkt der Welt, aus dessen beschränktem Gesichtskreis das, was über ihn hinausreicht, erkundet wird. Aus einiger Entfernung wirkt das Gestreu der roten Ziegeldächer wie ein fest eingerollter Wollknaul, der sich im Davongehen rasch verwinzigt. Am Ende bleibt nicht mehr als ein flimmernder Punkt. Eingebettet in ein Sternbild, dessen Name verlorenging an ein abgelegtes Jahrhundert. An eine versunkene, überrollte, zugeschüttete Wirklichkeit, der gar nichts anderes übrig-bleibt, als zum Märchen zu mutieren. Könnten die Schlußakkorde, die sich im Ohr verfingen, nicht einem heimatseligen Liede zugehörig sein, dessen Text von einem wahrhaften Volksdichter stammt, der sich der Nachwelt in aller Bescheidenheit zu entziehen wußte: »Schönschornstein an der Zscherre lag ...«? Diese schlichte Erhabenheit, die ein literarisch unbelastetes, aber ortsfestes Gemüt in stiller Einfalt und edler Größe noch dem lausigsten Kaff anzuhängen weiß.

Fern wie ein verjährter Glaube an die heile Welt, an eine ungebrochen unaufhörlich im Jahreswechsel aus sich selbst heraus produzierende wie reproduzierende Natur, wenn möglich bewaldet, liegt nun das Reich der kurzlebi-gen Kindheit. Als wäre der gedachte Wald eine spezielle Einrichtung für eine Geisteshaltung, die sich etwas darauf zugute hält, deutsch zu sein.

Nun ist das alles unerreichbar geworden. Von der selbsttätigen Erinnerung wird der abgelegte frühe Lebens-abschnitt so lange gedreht und gewendet, bis ein Abbild entstanden ist, im Postkartenformat. Retuschierte Lebens-bilder, mosaikartig zueinander so in Beziehung gesetzt, als ergäbe sich daraus ein in sich stimmiges Ganzes.

Der Kleewunscher Fotograf Bruno Plattner wuselt in seinem Werkstatt-Atelier umher. Trifft Vorbereitungen für eine großartige Sache. In der Hand hält er einen häß-lichen Plüschhasen mit Schlappohren, der schon so man-che Familienaufnahme verniedlichen half. Damit wedelt er den fünf um ihre Mutter gruppierten Kindern – zwei rechts von ihr, zwei links, das jüngste im Strampelanzug auf ihrem Schoß – wie ein Puppenspieler zu. Die Späße, zu denen er sich hinreißen läßt – die Berufsehre steht auf dem Spiel – verfehlen die Wirkung, die er sich erhofft hatte. Es kommt ihm nicht nur auf die Symmetrie an. Er möchte dem Foto etwas Zeitgeschmack als Gewürz beigeben. Nahezu flehentlich wirbt er um den strahlenden Augenaufschlag der glücklichen Mutter und ihrer Kinder, wie er allüberall typisiert worden ist in den zurückliegenden sieben Jahren. Wenigstens der richtige AugenBlick, einer, der in die Zeit paßt, soll zu sehen sein, wenn schon nichts Blondes und Blauäugiges vor der Linse zu bemerken ist.

Mich vermochte der Fotograf nicht umzustimmen. So schickte er sich nach endlosem Gerücke, Geschiebe, Gestupse, um die Stand und Sitzordnung nach seinem zu gewärtigendem wie zu erhoffendem Bilde zu formieren und auf Ebenmäßigkeit zu formen, in den Ernst seines Berufslebens und kroch unter ein schwarzes Zaubertuch, nachdem das Arrangement endlich Gnade vor seinem Auge gefunden hatte. Ich werde wohl dieses Kasperletheater höchst albern gefunden haben. Zu freuen vermochte ich mich mit Bestimmtheit nicht. Vielleicht kann man meinen Gesichtsausdruck als Beweisstück frühkindlicher Skepsis nehmen? Ich blieb jedenfalls bei einer ernsten Miene, als hätte ich einem jener Dresdner Maler Modell gestanden oder gesessen, die in all ihren Kinderbildern wissende Trauer um alle Dinge und Belange ihrer Welt antizipatorisch in die Gesichter malten. Auf dem schönen Familienfoto war dann nichts mehr zu reparieren.

Mutter war damals gerade dreißig Jahre alt. Von ihrem Kleid ist nur der kranzförmige Filetkragen zu sehen. Das glattgescheitelte Haar zu einem Knoten gebunden, der jedoch nicht zu sehen ist. Alle Geschwister jünger als ich. Ich selbst gerade sechs Jahre alt geworden und Schüler der ersten Klasse, Abc-Schütze, mit einem mähnigen Haarschopf ausgestattet, der die Stirn bedeckt und bis zur Nasenwurzel reicht. Die Augen immerhin frei.

Als Fünfjähriger war ich, reichlich verfrüht, aber wie das Gesetz es befahl, zu Ostern in die zweistufige Volksschule zu Sachsdorf eingeführt worden. Die Traueresche, dicht am Schulhaus gepflanzt, bedeckte mit ihren überdehnten Ästen, die einen Schirm bildeten, den ganzen Vorhof. Jedes Jahr wurde sie einmal in einen Zuckertütenbaum umfunktioniert. Das war wohl ihre vordringlichste Aufgabe, wenn man außer acht läßt, daß sie ja an allen übrigen Tagen des Jahres zu trauern hatte. Wer mochte ihr diesen Quatsch bloß eingeblasen haben, sich so hängen zu lassen? Mir war die Schule von vornherein unheimlich und so beklemmend fremd, daß mir diese Aktion kurzzeitiger Floraverhunzung die Sache, auf die es fortan ankam, auch nicht schmackhafter zu machen vermochte. Aus einer tiefen Furcht heraus, die mir wohl ältere Kinder eingejagt hatten, und aus einem horrenden Unvermögen, mich in das Unvermeidliche zu fügen, weinte ich zum Gotterbarmen, als auch ich eine dieser Zuckertüten in Empfang nehmen sollte. Aber das Elend hatte nur vorgefühlt. Anderntags legte es erst richtig los, als ich mit dem Ranzen, der Schiefertafel, Griffelkasten und Fibel enthielt, losziehen sollte. Ich sträubte mich wie ein störrisches

Kalb, das sich bockig gegen den Strick stemmt. Um nichts in der Welt war ich zu bewegen, den Schulweg anzutreten. Auch von den Kindern der Nachbarschaft, mit denen ich spielte, ließ ich mich nicht mitnehmen. Jeden Morgen der gleiche Effekt und Eklat, der Mutter zur Verzweiflung brachte. Ich ließ mir von niemandem, auch von ihr nicht, gut zureden. Die Angst muß tiefer gesessen haben. Unlustig, widerwillig ließ ich mich an ihrer Hand in die Schule führen. Wenn der Unterricht begann, mußte sie neben mir sitzen bleiben. Und wenn sie sich dann während der Stunde leise zu entfernen suchte, in der Annahme und Hoffnung, ich würde an den Lippen des Lehrers hängenbleiben, sah sie sich ein ums andere Mal getäuscht. Ich sprang Hals über Kopf auf und rannte hinter ihr her. Um keinen Preis der Welt war ich zu bewegen, ohne sie auf der mir zugewiesenen Bank in der Schule zu bleiben. Nichts zu machen. Einmal, vielleicht auch öfter, von diesem einen Mal jedoch weiß ich mit Bestimmtheit zu berichten, saß Großmutter auf der Klappbank neben mir, auf der auch sie gesessen hatte, was allerdings eine Weile her war. Wenn ich jetzt nachrechne, komme ich auf mehr als sechzig Jahre. Damals, im vorgerückten Alter, zum Gaudi der Klasse. Natürlich nicht eigens für die Öffentlichkeit zurechtgemacht. Ich glaube, sie besaß gar keine Sonntagssachen. Nie sah ich sie herausgeputzt das Haus verlassen, das wir mit ihr teilten. Sie trug ein abgeschlumpertes fußlanges Gewand, dem sie eine fast ebenso lange quergestreifte Latzschürze vorgebunden hatte. Ein Aufzug, der selbst unter allerbescheidensten dörflichen Verhältnissen an Schicklichkeit zu wünschen übrigließ.

Ihre Anwesenheit muß extrem belustigend gewirkt haben. Diese Abwechslung im grauen Schulalltag dürfte der Weisheitsvermittlung nicht sonderlich förderlich gewesen sein.

Großmutter gehörte zu jenem illustren, auserwählten Personenkreis im Dorfe, den sich die immer auf Opfer erpichte Dorfjugend zur Zielscheibe für allerlei Allotria und groben Unfug erkoren hatte. Den erlauchten Kreis bildeten vornehmlich alte, zumeist alleinstehende Frauen, aus denen die Härte des Lebens wunderliche Figuren geschnitzt hatte. Jede Abweichung von den geheiligten, tradierten Normen ländlicher Lebensgewohnheiten zog magisch an und wurde rituell geahndet. Ich weiß nicht, wie man andernorts verfuhr. In unserem Dorfe jedenfalls pflegte man das Nachäffen in den verschiedensten Spielarten zwischen Scherz und grober Gehässigkeit, vornehmlich jedoch das Annamsen, gemeint ist das Anhängen von Spott- und Schimpfnamen und höhnisches Nachrufen, aushohniebeln genannt. Aus der Nähe oder aus der Ferne, je nach Temperament und Geländegängigkeit des Opfers. Irgendein Schmähwort oder im Steigerungsfalle ein Schimpflied, mit dem die oder, was weit seltener vorkam, der Betroffene lauthals bedacht wurde. »Linde midder Flinde macht buff-buff-buff.« – »Ernst-Fernst, morchen werd gefernst, iewermorchen werd laggierd, da werd der ganze Ernst beschmierd.« Die Nachtreter nahmen derlei einmal in die Welt gesetzte und mündlich überlieferte Volkspoesie zum Zwecke der Verspottung und Diskriminierung allzu begierig auf und sorgten für Verbreitung. Felicitas, schon ihr exotischer Name war eine aufreizende Herausforderung, hatte auffallend rotes Haar und zudem eine markante Nase. Somit war sie für die nichtsnutzigen Dorflümmel eine ideale Zielscheibe für verbalen Unflat. Was wollte die Fremde im Dorf? Das fünfzehnjährige Mädchen absolvierte ihr Pflichtjahr bei den beiden Prinzessinnen. Auf so ziemlich jeder ihrer dienstlichen Radtouren schallte es ihr im Chorus entgegen: »Hexennase nutt-nutt-nutt, deine lange Nase blutt.« Mangels anderer geistiger Zerstreuungen erfreuten sich derlei atavistische Gemeinheiten großer Beliebtheit. In die zu einer Stimme geballten Rotte muß ich mich leider einschließen. Wüßte ich sie nach mehr als einem halben Jahrhundert zu finden, würde ich ihr gern eine Entschuldigung zukommen lassen.

Der Makel, den Großmutter in den Augen ihrer Mitbewohner hatte, setzte sich aus einer ganzen Reihe von Normabweichungen ins Wunderliche hin zusammen, die für hexenhaft absonderlich genommen wurden und folglich geahndet werden mußten. Schon in früheren Zeiten hatte ihre uneheliche Geburt den Grundstock für ausgrenzende Herabsetzungen gebildet. Zumal unbekannt blieb, wer ihr Vater war. Nach dem frühen Tode ihres weit jüngeren Mannes, den sie nach dreijähriger Ehe wutentbrannt aus dem Hause geworfen hatte, ging sie an die vierzig Jahre auf den Butterhandel. Was sie an zwei Tagen der Woche bei den Bauern der umliegenden Dörfer aufkaufte, buckelte und trug sie an zwei anderen Wochentagen in einem Tragkorb und zwei großen Henkelkörben nach

Dresden auf den Markt. Als Gehilfe diente ihr ein ausge-
mergeltet Zughund namens Brigant, bis er einem heim-
tückischen Giftmordanschlag zum Opfer fiel. Es kann der
Frömmste nicht in Frieden leben, wenn er den lieben
Nachbarn nicht gefällt. Da war Großmutter bereits so
ausgebrackt wie ihr Brigant, der sie so viele Jahre getreulich bis auf den Weistropper Berg hinauf gebracht hatte.
Dort kehrte das Gefährt um, von einem ihrer beiden
Söhne kutschiert, so daß sie gerade noch rechtzeitig zur
Schule gehen konnten. Ein neuer Zughund wurde nicht
angeschafft oder nicht gefunden. Großmutter war gezwungen, den Buttertransport einzustellen. Fortan blieb
sie ein Fall für die Armenkasse der Gemeinde. Ein weite-
rer Grund, nicht eben wohlwollend über sie zu reden. Im
Taubenschlag, der als solcher nicht mehr genutzt wurde
und zur Rumpelkammer verkommen war, hing zum Beweis von Brigants Existenz noch das Ledergeschirr mit
eingesteppten roten Filzstreifen. Als ich begann, da oben
herumzukriechen und im Forscherdrang den letzten Winkeln im Haus ihre Geheimnisse zu entlocken, fragte ich
nach und erfuhr, was ich zu wissen begehrte: die Geschichte des Zughunds.

Das landstörzerische Gewerbe, das Großmutter jahrzehntelang ausgeübt hatte, muß dann ebenfalls auf ihren
Geburtsmakel geschlagen worden sein. Mit zunehmen-
dem Alter kam ihr Laisser-faire in puncto Kleidung mit
auf die Rechnung, die gegen sie aufgemacht wurde. Zudem galt sie der Einfachheit halber als nicht ganz richtig
im Oberstübchen. Wunderlich war sie wirklich. Später
freilich so unberechenbar, daß sie für unzurechnungsfähig

erklärt wurde. Kurzum, ihr Anderssein bestand vorwiegend aus lebenslanger Armut, die sie nie zu kaschieren gesucht hatte. Das Umherziehen steckte ihr so im Blut, daß
sie noch als Fünfundsiebzigjährige mit einem laweden
grünen Leiterwägelchen von Feldrand zu Feldrand zog
und immer irgend etwas eintrug. Je nach Jahreszeit:
Brennholz, Heilkräuter, Fallobst, für Ziegen und Hühner
nachgelassene oder vorgeerntete Feldfrüchte von Äckern,
die ihr nicht gehörten. Und wenn der Wald und die Felder nichts abwarfen, tat dies der Kirchweg, vielmehr deren vierbeinige Benutzer. Hatte der Schäfer seine stattliche
Herde aus- oder eingetrieben, ging der Schafsmist über
den Segen Gottes. Ein zweiter Eimer barg die appetitlichen Pferdeäpfel, meist handverlesen.

Ein halbes Jahr verging, ehe ich mich endlich mit der
Schule als etwas Unumgänglichem abfand und bereit
war, mich von anderen Kindern mitnehmen zu lassen.
Aber am Unterricht beteiligte ich mich immer noch
nicht. Sagte kein Wort. Auf Fragen des Lehrers gab ich
einfach keine Antwort. Total verstockt. Dem Lehrer
blieb wohl nichts anderes übrig, als mich abzuschreiben
als hoffnungslosen Fall. Anstelle der verdienten Sechs
prangte im blauen Zensurenheft in jedem der vier Fächer
eine Vier gnadenhalber. Erst in späteren Jahren wurde das
schöne Ebenmaß der Noten durch eine Drei gestört.
    Es fiel mir außerordentlich schwer, mit dem harten
Griffel etwas Lesbares auf die Schiefertafel zu kritzeln.
Sobald der Linkshänder mit der ungeschickten rechten
Hand, die zu nehmen er gehalten war, im Angstschweiße

seines Angesichts ein paar störrische Krickelkrakel zustande gebracht hatte, wischte sie der flinkere Nachbar listig und verstohlen mit dem Schwamm weg, der an jeder Schiefertafel baumelte. Als wollte er mir damit beweisen, wie sinnlos all meine Bemühungen waren. Besondere Qualen bereitete mir der U-Bogen. Die lateinische Schrift, in der er glücklicherweise nicht mehr gefragt war, wurde erst ab zweitem Schuljahr eingeführt. Bis dahin galt das zackige Gestrichel mit den scharfen Ecken und Haarnadelkurven. Die Buchstaben waren mit haarfeinen Auf- und Abstrichen zu versehen, um als mustergültig zu gelten. Im Schönschreibeheft tummelten sich die Buchstaben zeilenweise. In dem meinen allerdings schief und krummbeinig wie Birnhaken und Kälberbeine, so daß ich den Ansprüchen nicht im entferntesten gerecht zu werden vermochte. Ich blieb immer weit unter der verlangten Norm, vermochte mich nie an die geforderte Paradelinie zu halten, sosehr ich mich auch darum mühen mochte.

Das Familienfoto ohne Vater, der am 20. Juni 1940 zum Militär einberufen worden war, sollte nach Norwegen geschickt werden in eine Stadt mit dem lustigen Namen Hau-gesund. In der Vorstellung des Abc-Schützen war das ein Land, in dem es scheußlichen Lebertran und Öl-sardinen in rauhen Mengen gab. Wir jedenfalls besaßen beides im Überfluß. Zu allem Überdruß Lebertran in großen braunen Flaschen, der uns Kindern von Mutter eßlöffelweise eingeflößt wurde, allem Ekel und allen Protesten zum Trotz. Angeblich gäbe es nichts Gesünderes. Andere Kinder mußten das widerwärtige Gesöff sich doch auch nicht einverleiben lassen. Ausgerechnet wir! In einer kantigen Literflasche bewahrte Mutter eine Flüssigkeit auf, die nicht zum Trinken bestimmt war. Damit mußten wir uns bei Frostwetter Gesicht und Hände einreiben. Der Inhalt der Flasche hieß bei uns nur Norwegeröl. Einen anderen Namen dafür habe ich nie gehört. Vater mußte Balken und Bretter in die Berge schleppen. Das war auf den Fotos zu erkennen, die er nach Hause schickte. Er gehörte zum Bodenpersonal der Luftwaffe. Bodenpersonal! Ich merkte mir das Wort, ohne mir zunächst Genaueres darunter vorstellen zu können.

Welch seltsames Gefühl, die Rückverwandlung in dieses Ichselbst als widerwilliger, von Ängsten gepeinigter Schüler im Bleyle-Anzug. Kurze Hosen mit Trägern. Vorn mit Quersteg. Auf dem Rücken über Kreuz zu knöpfen. Damals ein modisches Knabentrikot wie vorzeiten der monarchistisch gesinnte Matrosenanzug, der auch im tiefsten Binnenland an die Zukunft auf dem Wasser aufmerksam machen sollte. Solch ein Bleyle-Anzug, wie ich ihn tragen mußte, war mehr etwas für sittsame Spaziergänge an der Hand der Mutter. Als Schulkleidung war er mir verleidet. Er verwandelte deren Träger in Musterknaben. Zudem besaß solch eine Feinstrickhose einen spürbaren Nachteil, der die Abneigung gegen diese Gewandung nicht verringerte. Wenn Kurz Mütze, ein Steißtrommler vor dem Herrn, zu Beginn des Unterrichts seine Sünderarie heruntergeigte mit dem Fiedelbogen, sagte sich jeder insgeheim: Bloß mich nicht. Jedenfalls nicht schon wieder heute. Die Schüler, die Mütze aufrief, hatten sich vorn am Pult in Reihe aufzustellen, um sich abstrafen zu lassen. Um Namen war er nie verlegen. An Delinquenten mangelte es nicht. Sein Rohrstock dirigierte das Präludium. Mütze schlug mit kräftigen Schlägen auf die dargebrachten Opferärsche oder hingestreckten Hände. Wohin er schlug und wieviel mal, bestimmte er. Das lag selbstverständlich ganz in seinem Ermessen und hing wohl eher vom Grad seiner Übellaunigkeit ab und von dem anhaltenden Verdruß, in unserer Schule unterrichten zu müssen, weit weniger von tatsächlichen Verstößen gegen die Schulordnung oder von Fehlleistungen im Unterricht. Wehe dem Feigling, der im richtigen Moment blitzschnell so zurückzuzucken verstand, daß sich der Prügelmeister selbst einen Schlag überzog. Dem Träger einer Bleyle-Hose prägten sich die Hiebe besonders stark ein. Welch ein heimtückisches Spielzeug waren doch die in die Schulbänke eingelassenen verkleisterten Tintenfässer, die mit klappbaren Blechdeckeln geöffnet und geschlossen werden konnten. Eine altbewährte Konstruktion, die mitunter die Langeweile verscheuchen half, die vom Unterricht ausging. Tintenfinger oder ein Klecks im Heft reichten mitunter schon hin, um in den Genuß von Mützes pädagogischen Wohltaten zu gelangen. Von unzureichend erledigten oder gar völlig vergessenen Hausaufgaben gar nicht erst zu reden. Der alte Scherz mit dem Blechdeckel, der im Hosenboden vorsorglich eingelegt wurde, ließ sich während Mützes drakonischer Regentschaft nur ein einziges Mal anwenden. Es hat wahrlich nicht an Versuchen gefehlt, weniger provokative Dämpfungen zwischenzuschalten. Aber jeder dieser Schmerzabwehrversuche und Isolierungstricks hat die nimmermüden Lehrerhände eher beflügelt. Selbst der erboste Vater, seines Zeichens Leutevogt auf dem Rittergut und Chauffeur eines Traktors der Marke McCormick, der den Lehrer kurzerhand mitten aus dem Unterricht heraus vor die Tür bat, um ihn dort um so kräftiger vertobaken zu können, blieb eine Seltenheit. Von solch einem mutigen und gerechten Vater träumte so mancher Schüler. Aber deren Väter waren längst eingezogen und somit außer Reichweite. Ein Schüler, dessen notorische Dickfelligkeit und schwache Auffassungsgabe in allen theoretischen Belangen des Lebens den andachtsvollen Harmoniumspieler zur Raserei brachte, wurde mit dem Kopf so lange gegen die Wandtafel geschlagen, bis er eine Gehirnerschütterung davontrug, die ihn wochenlang vor der Teilnahme am Unterricht schützte. Als jener Schüler bei anderer Gelegenheit gefragt wurde, ob er nicht wenigstens ein Sprichwort aufsagen könne, wenn er schon sonst nichts wisse, antwortete, nachdem er lange grübelnd nachgedacht hatte, guten Glaubens und ehrlichen Herzens: »Montag über acht Tage.« Da schlug es wieder einmal dreizehn in seiner Schülerlaufbahn.

Sprüche standen in jenen Jahren hoch im Kurs bei den Volksbildnern. Ich meine nicht jene sattsam bekannten, unverwelklichen Platitüden, die wir uns gegenseitig ins Poesiealbum klierten:

> Schiffe ruhig weiter,
> Wenn der Mast auch bricht,
> Gott ist dein Begleiter,
> Er verläßt dich nicht.

oder:

> Lebe glücklich, lebe froh
> Wie der Mops im Paletot.

Natürlich galt da die Rechtschreibung für Obersachsen. Nein, gemeint sind die zwecks Geistesstählung in Oktav-heften gesammelten »Sprüche der Woche«, die vom Klas-senältesten nach der »Meldung« aufzusagen waren. Es sollten möglichst markige Worte darin vorkommen. Sol-che mit Zacken. Das militante Memorieren hatte denn auch dementsprechend schneidig aus der Kehle herausge-schmettert zu werden. »Zackig« war das gängige Mode-wort für diesen Tonfall. Besonderer Beliebtheit erfreute sich, jedenfalls von seiten des Erziehers, dem die nationale Nachhut unserer beiden rein schulisch zusammenge-schweißten Dörfer anvertraut worden war, ein Johann Gottlieb Fichte zugeschriebener Handtuchspruch:

> Du sollst an Deutschlands Zukunft glauben,
> An deines Volkes Auferstehn.
> Laß diesen Glauben dir nicht rauben,
> Trotz allem, allem, was geschehn.
> Und handeln sollst du so, als hinge
> Von dir und deinem Tun allein
> Das Schicksal ab der deutschen Dinge,
> Und die Verantwortung wär dein.

Damals wußte ich freilich noch nicht, daß dieses edle Kunstwerk plattfüßiger Reimerei in Wirklichkeit nicht von dem Philosophen verzapft worden war. Ein Dichter-

ling namens Matthäi hatte es der Nation, die eben den Ersten Weltkrieg verloren hatte, holzbrandschriftlich zu
Füßen gelegt. Die Wirkung dieser Neujahrsgabe war
verheerend.

Sehr umfangreich kann das Repertoire an Wochen-
sprüchen, die in dem Oktavheft gesammelt wurden, nicht
gewesen sein. In diesem Kompendium ertüchtigender
Lebensweisheiten stand obenan ein Spruch des Bogislaw
von Selchow, der mir auch als Lesebuchdichter unterge-
kommen war, von dem ich dann jedoch nie und nirgendwo sonst wieder vernahm:

Ich bin geboren, deutsch zu fühlen;
Bin ganz auf deutsches Denken eingestellt.
Erst kommt mein Volk, dann all die andern vielen,
Erst meine Heimat, dann die Welt.

Bogislaw, der unsaubere Reimer, muß gewußt haben, was
er seinen Sachsen schuldig war, auch wenn er selbst wohl
die Schleiermachersche Schwachheit teilte, zuvörderst bis
zuhinterst ein preußisch geprägtes und kampfgestähltes
Deutschland ideologisch zu vertreten und verkörpern.
Noch markiger war der lapidare Aussagesatz, der in riesiger Fraktur den Korridor des Schulhauses zierte: »Arbeit
adelt.« Den mußten wir nicht in unser Spruchheft schreiben. Den sahen wir im Vorbeigehen Tag für Tag. Die
Buchstaben mit ihren klobigen Krallen schienen aus lauter Hakenkreuzen zurechtgebogen worden zu sein. Damit
sie sich nur ja in unseren Köpfen festhaken sollten.

Bevor der »Spruch der Woche« aufs Tapet kam, begann der Unterricht, nachdem der Rohrstock zu tanzen aufgehört hatte, versteht sich, mit einem Gebet:

> Schütze, Gott, mit deiner Hand
> Unser liebes Vaterland!
> Gib zu seinem schweren Werke
> Unserm Führer Kraft und Stärke!
> Wende unsres Volkes Not:
> Arbeit gib und jedem Brot!

Das sprach der Lehrer pastoral mit gefalteten Händen und gesenkten Kopfes. Jeden Morgen, ehe der Unterricht wirklich begann. Eine sakrale Handlung. Die Schüler hatten im Chor einzufallen und es dem Lehrer gleichzutun. Den abgetretenen Wunsch leierten die Schüler mechanisch herunter. Völlig gedankenlos. Gebrabbel. Ein notwendiges Übel, dem nicht zu entgehen war. Aber das Land Sachsen, lange Zeit Königreich, dann Freistaat, dann Gau, dann dies, dann jenes, zeitweilig verhackstückt, aber doch nicht kleinzukriegen, dann wieder Freistaat, Schauplatz der Ereignisse, muß wohl noch auf der einschichtigsten Kuhbläke ein besonders günstiger Nährboden für Verhohnepipelungen sein. Und so fand sich wie zur Bestätigung auch in meiner Klasse, der Einfalt eine Krone, ein kreativer Kopf, der seinen Viktor nicht unter den Scheffel stellte und nicht davor zurückschreckte, die heiligsten Geistesgüter der Nation zu verballhornen. In der von ihm redigierten und aktualisierten Fassung begann das Schulgebet folgendermaßen:

Mütze Kurt mit seiner Hand
Drischt auf unsere Hinterwand ...

In dem allgemeinen Rhabarber-Rhabarber war das
schwerlich herauszuhören. Jedenfalls vom Podest aus. Die
Nachbarschaft des Frevlers jedoch vernahm die Textab-
weichung sehr wohl und genoß diese verbotene Frucht mit
diebischer Wonne. Aber, wie es so geht. Die einen versuchten ihre Zensuren aufzubessern, indem sie den Lehrer
beim Schlachtfest nicht hartherzig übergingen. Andere
machten sich mit kleinen Gefälligkeiten lieb Kind. Und
so hatten diejenigen Schüler, die ihre Spottlust während
des allmorgendlichen Gemurmels nicht zu bezähmen vermochten, bald nichts mehr zu lachen. Ihnen stand ein
pädagogisches Scherbengericht bevor. Einer der Mitwis-
ser und Mithörer, der seinen Mangel an Geistesblitzen
durch Fleiß im Zinken wettzumachen sich die erdenk-
lichste Mühe gab, entriß den Namen des Umdichters und
die seiner getreuen Nachtreter oder Nachbeter der An-
onymität. Er sorgte dafür, daß die Freveltat auf dem Podest ruchbar wurde. Der bescheidene Ruhm, zu dem der
Klassenrebell unverhofft kam, mußte teuer genug gesühnt
werden. Nachdem die Schandtat aufgedeckt und etliche
Hosenböden weidlich bearbeitet worden waren, unter-
blieb das »Führergebet« ein für allemal. Das feierlich voll-
zogene Ritual jedoch wurde beibehalten. Vom Sakralen
ins Militante gewendet, hieß es nun fortan »Spruch der
Woche«. Der Chorgesang entfiel. So hat der treffsichere
Dorfballhornist, dem fortan der Boden entzogen blieb für
neue Spottgeburten, ganz gegen seine Absicht wenigstens

zeitweilig für ein wenig Variabilität im eintönigen Unterricht gesorgt.

Mütze blieb seiner Leidenschaft für erzieherische Handgreiflichkeiten treu. Strafe muß sein. Er hieb fleißig weiter. Mit und ohne Stock. Solange er seines schweren Amtes als Kinderbändiger und Dorfschulmeister waltete. Eine Gestalt des Schreckens, die mangels Vergleichsmöglichkeiten mit Volksbildung oder »Schule«, wie wir das der Einfachheit halber nannten, gleichgesetzt wurde. Irgendwann im Laufe des Krieges erreichte auch ihn der Gestellungsbefehl, der ihn abberief auf einen anderen Schauplatz. Wir Schüler atmeten erleichtert und befreit auf. Nie wieder habe ich ein Sterbenswort über Mützes ferneres Schicksal vernommen.

DER VOGELSPRACHE KUND

Meine Eltern besaßen einen kleinen Bücherschrank. Ich gäb was drum, er hätte sich samt Inhalt erhalten und wäre auf mich gekommen. War ich doch vom siebenten, achten Lebensjahr an der eifrigste Benutzer dieses Bestandes, in dem sich neben Romanen von Ludwig Ganghofer, Rudolf Herzog, Ernst Zahn vorwiegend Bücher von Hermann Löns neben mehr fachspezifischen Schriften für den Landmann fanden, wie etwa eine Anleitung zum Hausschlachten von Schweinen oder die Pflege des Weingelehdes an der Hauswand. Das Wort Spalier kam uns nie über die Lippen. Einige dieser Bücher, deren Inhalte ich mir wahllos einverleibte, sobald ich lesen gelernt hatte, ganz gleich, ob ich sie verstand oder nicht, las ich, da sich Novitäten nicht auftreiben lassen wollten, so oft, daß ich sie am Ende fast auswendig konnte. Gorch Focks Roman »Seefahrt ist not«, der in einer jugendbewegten Bibliothek nicht fehlen durfte, versetzte mich immerhin in den Stand, plattdeutsch zu verstehen. Freilich nicht sprechen zu können. Die Begeisterung für maritime Abenteuer erreichte mich als Anlieger der Wilden Sau jedoch in reichlich abgeschwächter Dosierung. Viel mehr vermochte mich später Heinrich Seidel mit »Reinhard Flemmings Abenteuern zu Wasser und zu Lande« in fieberhafte Hochstimmung, von der wohl vornehmlich die Ohren ergriffen wurden, zu versetzen. Eines der spannendsten Bücher war Knaurs Konversationslexikon, das Vater für 2,85 Reichsmark erworben hatte. Die einbändige Volksausgabe. Sie ersetzte zu einem guten Teil, was mir die Volksschule schuldig blieb, der ich zunächst sogar alles schuldig geblieben war aus Unvermögen, das mit einer ungehörigen Portion Verstocktheit versetzt war.

Als nicht wert, im Bücherschrank aufbewahrt zu werden, galten alte zerfledderte Scharteken. Darunter zwei Lesebücher, die längst aus der Mode und außer Gebrauch gekommen waren. Immerhin waren sie merkwürdiger- und wunderbarerweise nicht weggeworfen worden. Das eine, nur noch ein zerfranstes Bündel fliegender Blätter, hatte sich aus Vaters Schulzeit, die 1919 zu Ende gegangen war, erhalten. Ebenso ein zweites, älteres, weit besser erhalten und voluminöser, mit dem um die Jahrhundertwende unterrichtet wurde. Die Texte, die ich darin fand, bildeten einen literarischen Grundstock, zu dem nicht zuletzt auch Gedichte gehörten. Frage ich mich heute nach den Motiven dieser frühen Lesefreuden, diesen unstillbaren Lesehunger, der sich zu wahrer Lesewut steigerte, als ich der bucharmen Dorfwelt entkam, das mich mit einem Literaturdefizit entließ, von dem ich meinte, es würde sich nie mehr auffüllen lassen, so denke ich, der Leseantrieb setzte sich aus einer seltsamen Mischung zusammen: aus dem Gefühl einer langatmigen Ereignislosigkeit, die Langeweile nach sich zieht, aber auch aus unbändiger Neugier auf Neues, Unbekanntes, vielleicht sogar auf Schönes, auf Schöneres, als ich es selbst zu erfahren glaubte. Da war Entdeckerlust im Spiele, der Ehrgeiz, immer mehr wissen, erfahren zu wollen, und sei es aus zweiter

Hand, der pure Lebenserfahrungshunger, und sicher diente Literatur unter solchen Umständen unbewußt auch dazu, Lebensersatz zu sein. Die Texte, die ich in den alten Lesebüchern entdeckte, besaß ich für mich ganz allein. Niemand sonst interessierte sich mehr für die alten Schwarten. Tante Martha hatte in ihrem Lesebuch vereinzelt Randglossen hinterlassen, die noch immer Rückschlüsse zulassen auf das Pflichtpensum, das ihr einmal abverlangt worden war. Das Aufsagen von Balladen und Gedichten hatte sich zu meiner Zeit erheblich reduziert. Von Schillers »Glocke«, die Mutter während ihrer Schulzeit noch in voller Länge rezitieren können mußte, waren mir nur die Meistersprüche aufgetragen, daneben »Die Bürgschaft«. Nach Kriegsende, als wir ganz ohne Lese- und Lehrbücher auskommen mußten, kursierte, miserabel hektografiert und somit nur schwer lesbar, Theodor Fontanes Ballade »John Maynard«. Als Beispiel sprachlicher Meisterschaft galt dem Lehrer Börries von Münchhausens »Hunnenzug«. Seltsam, daß seine aktuelle Anspielung nicht wahrgenommen wurde, weder von mir noch von den anderen Schülern, die hinter mir saßen. Ich wegen starker Kurzsichtigkeit auf der ersten Bank. So mancher Lesebuchtext, in erzieherischer Absicht unter wechselnden vaterländischen Prämissen aufgenommen, gibt lebenslang Weggeleit, auch wenn das didaktische Moment seine Wirkung auf mich verfehlt haben mag. Vielmehr weckten die ad usum delphini zurechtgestutzten und wohl des öfteren auch »gereinigten« Ausschnitte den brennenden Ehrgeiz, mehr lesen zu wollen. Eine Leidenschaft, die mit den gängigen Ansichten der meisten Dorf-

bewohner kontrastierte. Buchleser wurden von der argus-
äugigen, intoleranten Dorfbevölkerung quer durch alle
Generationen als Müßiggänger, Faulpelze und Schwar-
tenheinis abqualifiziert, wenn nicht darüber hinaus sogar
noch verhöhnt. Ein Laster also, dem besser in aller Heim-
lichkeit gefrönt wurde.

An einem der Lesebuchtexte, der mir aus der Erstlese-
zeit nachgelaufen ist, hat die Erinnerung entstellend mitge-
arbeitet, wie ich zu meiner Verblüffung und Enttäuschung
feststellen mußte, als mir die Lesebücher nach langer Zeit
wieder einmal in die Hände fielen beim Kramen. Ich hätte
es beschwören mögen, »Der Vogelsprache kund« sei ein
Gedicht. So jedenfalls hatte sich dieses Stück in mir fest-
gesetzt. Und in welcher scharfgestochenen Deutlichkeit
sich der Textkorpus mir visuell eingeprägt hatte. Eine
Reihe von langzeiligen, aus zwei Versen bestehenden Paar-
reimstrophen. Sogar die Schrifttype wollte ich nicht vergessen haben: Fraktur. Dazu gehörte allerdings kein au-
ßergewöhnliches Vorstellungsvermögen. Den Autor hatte
ich hingegen vergessen. Die Verfasser von Lesebuchtexten
und Büchern interessierten mich zunächst nicht. Jedes
Schriftstück, das ich las, war etwas autochthon Gebilde-
tes, Gewachsenes. Ebensogut hätte es als Volksgut ausge-
wiesen sein können. Später befragt, wäre ich vielleicht auf
Johannes Trojan, den Heidelbeer-Dichter, oder auf Viktor
Blüthgen verfallen, der mit seinem »Vetter Starmatz« ein
Exempel an der Poesie statuiert haben mußte. Die Igno-
ranz der Pädagogen, ihr hinter der literarischen Entwick-
lung her Hampeln und Hinken, sollte noch lange in den
Lesebüchern fort- und festgeschrieben werden.

Wie bloß war es zu dieser Fehlfixierung gekommen, Ungebundenes für Gebundenes zu nehmen? Wer hatte mir das Gedicht eingegeben? Natürlich konnte dies nur ich selbst und kein anderer gewesen sein. Wahrscheinlich hatte ich zu viele Gedichte gelesen, so daß ich am Ende in Gedichten zu denken vermochte, ohne es zu wissen und willentlich zu tun. Die Lesebuchgeschichten samt den dazwischengemengten Gedichten mußten sich irgendwann zu einem einzigen amalgamierten Text knäulartig verfitzt und später selbsttätig entzurrt haben. Weshalb wohl, frage ich mich! Um sich gegen mich zu verbünden? Wie konnte die Erinnerung sich so weit absetzen von den Tatsachen? Diese Fragen setzten mir zu. Sie bohrten in mir, weil ich nach einer einleuchtenden Erklärung für einen solchen Spuk suchte. Fest steht, die Erinnerung hat etwas Gelesenes und also Gewußtes unbewußt umgeformt zu einem, zu dem idealen Lesebuchgedicht.

»Der Vogelsprache kund« – dieses seltsame, gestelzte Dichterdeutsch, mochte es nun altertümlich oder nur altertümelnd sein, Ludwig Uhland nachempfunden, in dessen blutrünstiger »Schwäbischen Kunde« es heißt: »Ihr seid der wilden Gegend trefflich kund«. Wie auch immer, die Ellipse hatte sich als feste Wendung festgehakt und war mir geblieben als Teil fürs Ganze. Kund stand für kundig. Das hatte ich aus dem Zusammenhang heraus begriffen auch ohne philologische Kenntnisse. Meiner Phantasie müssen ausnahmsweise einmal Flügel gewachsen sein. Vielleicht schrie die Überschrift nach dem Gedicht, das ich mir eingebildet hatte?

Da geht ein etwas närrisch anmutender Mann, ein na‑
turverbundener Früh‑Grüner, den man sich anscheinend
immer nur als komischen Kauz zu denken hat, mit einer
Kinderschar an einem Bach entlang. Mit dem Augen‑
zwinkern des bauernschlauen Johann Peter Hebel ver‑
sucht er den Kindern das Vogelstellen auszutreiben. Noch
vor reichlich hundert Jahren eine Leidenschaft aus landes‑
weit verbreiteter Gewohnheit. Wenn heute einer auf die
Idee verfällt, sich eine junge Krähe oder einen Star zu
braten, hat dies Seltenheitswert und reizt keineswegs
zur Nachahmung. Schwer vorstellbar, wie man voreinst
meinte, nicht ohne Lerchen im Speiseplan auszukommen.
Didaktisch werden die Kinder auf die Schippe genom‑
men. Denn ihr erwachsener Begleiter tut nur so, als ob er
der Vogelstimmen und Tiersprachen kundig wäre. Die
plump‑vertrauliche Absichtlichkeit, in der da belehrt
wird, hatte mich nicht sonderlich beeindruckt, zumal ich
nie auf Vogelfang ausgewesen bin. Aber die Ausgangs‑
position, dieses Am‑Bach‑Entlang, hatte bei mir ver‑
fangen. Davon war die Nachhaltigkeit ausgegangen. Ich
setzte ein Bild entgegen. Möglicherweise aus purem Ver‑
langen nach Identifikation. Ganz einfach – mein Bach‑
Bild. Und fortan blieb dieses selbstgeschaffene Bild un‑
trennbar mit dem Lesebuchtext verbunden.

Der Lesebuch‑Bach hatte sich in einen Mühlgraben
verwandelt. Und zwar just in den, der unterhalb unseres
Hauses und Gartens durch Ritters Wiese floß Richtung
Lehmannmühle, deren riesiges oberschlächtiges Mühlrad
er trieb. Auf der Wiese bleichten die Frauen des Häusler‑
winkels ihre Wäsche. Der Mühlgraben schoß aus einem

Tunnel hervor. Eine Zeile schattenspendender Kopfwei-
den säumte ihn. Die Rümpfe der Weiden waren längst
geborsten. Obwohl einige nur noch aus schwartigen Frag-
menten bestanden, grünte aus den wuscheligen Sturzel-
köpfen ein Kranz armdicker Äste. Aus den Stümpfen
schaufelten wir Kinder den braunschwarzen Mulm mit
bloßen Händen, um damit unsere Sonnenrosenkulturen
oben auf dem Berge zu düngen.

Das Lesebuch war das Leben, und umgekehrt wurde
auch ein Schuh draus. Nun hat sich das Gedicht, das
ich so sicher und unangefochten besaß, als simpler Prosa-
text entpuppt. Eine Seite aus einem der Bücher Peter
Roseggers:

»Der alte Naz ging mit den Kindern gern am Bache
entlang am Waldrain hin und sprach zu ihnen über
Bäume und Blumen und Wasser und Steine und Tiere
und erzählte alles, was er von solchen Dingen wußte.«

Aufgenommen in das »Deutsche Lesebuch für Volks-
schulen. 3. und 4. Schuljahr«. Gedruckt 1937, benutzt
1942–1944. Umgeben von den Gedichten »Schnauz und
Miez« von Christian Morgenstern und »Die Kröte« von
Johannes Trojan. Es gibt Erinnerungen, denen man besser
nicht zu nahe tritt.

Neulich brachte mich jemand drauf, daß »der Vogelsprache kund« doch ein Gedicht ist, auch wenn so nicht über-
schrieben. Und zwar eines, das in einem der besagten
alten Lesebücher stand und noch steht. Gelesen, wie oft
wohl, und doch für so lange Zeit vergessen, daß die Erinnerung mit mir und den Texten, die sie mehr oder weniger

kunstvoll vermengt hatte, ihr Schindluder treiben konnte. Und ohne Zweifel liest sich Peter Roseggers Prosastück nun wie eine Paraphrase auf einen Vers in Friedrich Rük-kerts 1829 geschriebenem Gedicht »Aus der Jugendzeit«, das er in die »Italienischen Gedichte« aufnahm und das nach der Vertonung von Robert Radecke (1859) populär wurde. Der »allwissende und zaubermächtige« König Salomo wußte selbstverständlich auch die Sprache der Vögel zu deuten. Und wer möchte diesem König nicht gleichen? Peter Rosegger delegierte diese Weisheit an den alten Naz. Freilich, heutzutage ist es den meisten Men-schen piepegal, was die Vögel zu sagen haben, in welchen Dialekten zum Beispiel Stare zu sprechen vermögen. Wohl weiß ich immerhin Meisengewisper von Buchfin-kenschlag zu unterscheiden, weiß, wie der Zaunkönig schmettert und seinen zirzensischen Triller einbaut, wel-che Trostlosigkeit in mir aufkommt, wenn die Goldam-mer zu jammern beginnt. Aber ich werde mich hüten zu behaupten, der Vogelsprache kund zu sein. So gern ich zu den kundigen Thebanern zählte. Wenigstens in diesem einen Punkt:

Aus der Jugendzeit

Aus der Jugendzeit, aus der Jugendzeit
Klingt ein Lied mir immerdar;
O wie liegt so weit, o wie liegt so weit,
Was mein einst war!

Was die Schwalbe sang, was die Schwalbe sang,
Die den Herbst und Frühling bringt;
Ob das Dorf entlang, ob das Dorf entlang
Das jetzt noch klingt?

»Als ich Abschied nahm, als ich Abschied nahm,
Waren Kisten und Kasten schwer;
Als ich wieder kam, als ich wieder kam,
War alles leer.«

O du Kindermund, o du Kindermund,
Unbewußter Weisheit froh,
Vogelsprachekund, vogelsprachekund,
Wie Salomo!

O du Heimatflur, o du Heimatflur,
Laß zu deinem heil'gen Raum
Mich noch einmal nur, mich noch einmal nur
Entfliehn im Traum!

Als ich Abschied nahm, als ich Abschied nahm,
War die Welt mir voll so sehr;
Als ich wieder kam, als ich wieder kam,
War alles leer.

Wohl die Schwalbe kehrt, wohl die Schwalbe kehrt,
Und der leere Kasten schwoll,
Ist das Herz geleert, ist das Herz geleert,
Wird's nie mehr voll.

Keine Schwalbe bringt, keine Schwalbe bringt
Dir zurück, wonach du weinst;
Doch die Schwalbe singt, doch die Schwalbe singt
Im Dorf wie einst:

»Als ich Abschied nahm, als ich Abschied nahm,
Waren Kisten und Kasten schwer;
Als ich wieder kam, als ich wieder kam,
War alles leer.«

Friedrich Rückert

Das Roggenfeld

Zwei Jungen verirren sich in einem Roggenfeld. Mehr ist nicht zu berichten. Das ist schon die ganze Geschichte. Aber dort, wo ich aufwuchs, gab es noch Roggenfelder, unübersehbar, von Ausdehnungen, die aus der Sicht eines Kindes die schiere Unendlichkeit waren. Nicht auszumessen. Vor der Ernte nahezu mannshoch. Geheimnisumwittert. Und sie bargen zu der Zeit, von der hier geredet wird, tatsächlich Geheimnisse. Angst einflößende, Furcht erregende. Wer in solchen agrarischen Gefilden aufwuchs, vermochte mit größter Selbstverständlichkeit Roggen von Gerste und Hafer von Weizen zu unterscheiden. Auch Sommergerste von Wintergerste. Jedenfalls spätestens dann, wenn das Getreide seine Ähren zeigte. Wenn ein Städter von den Dörflern herablassend verspottet wurde, und dies war eine gängige Lust, hieß es, sie wüßten Roggen nicht von Weizen zu unterscheiden. Drosch ein Unwetter die Halme nieder, entstand Lager. Die Mäher wußten ein Lied von dem Schund zu singen, wenn solche kreuz und quer gedrehten Flächen über den Sensenbaum fallen sollten. Blüht der Roggen, muß ein leichter Wind drüberfahren. Richtiggehend darüberstreichen mit einem unsichtbaren Gerät. Dabei entsteht eine Bewegung, die dem Meereswogen gleicht, die deshalb auch treffend Wellenschlag geheißen wird. Dicht über ihm hin zieht eine Wolke aus gelbem

Blütenstaub. Der Roggen raucht. Und wenn der Roggen, wir sagten nur Korn, in der Hitze reift, verströmt das ganze Feld einen Duft, den kein anderes Getreide auszusenden vermag. Roggenduft, in dem eine Vorahnung von Brotgeschmack aufwölkt. Eine Konstituante unter den Gerüchen, die das Revier Kindheit absteckten und sich dem Nasengefühl mitteilten. In solch einem zur vollen Halmlänge aufgeschossenen Roggenfeld konnte man sich leicht verstecken. Das machten sich geflohene Kriegsgefangene zunutze. Und erst bei der Mahd wurden ihre Nester entdeckt, in denen sie gelagert hatten. Dann aber waren sie längst über alle Berge. Hoffentlich! Die Gerüchteküche, aus der es damals nur so brodelte, dachte sich die widerwärtigsten Greueltaten aus. Derart drastisch anschaulich, daß uns Kindern die Gerüchte als pure Wahrheit erreichten. Fermentiert. Daraus abgeleitet die Warnungen, Verbote. Nur ja nicht frei im offenen Gelände zu schweifen. Außerhalb der geschlossenen Ortschaft, die in die Faust zu nehmen war. Aber ohne Auslauf ins Freie wären wir um unsere Kindheit betrogen worden. Wir ließen uns die Spielarten bescheidener Welterkundung nicht nehmen. Liefen heimlich hinaus. Schlugen Ermahnungen, Vorhaltungen immer wieder in den Wind. Nichts zu machen. Keine Höre. Da wurden mit Vorliebe alte Geschichten, die welche sein sollten, aufgetischt, aus der Großmutterstube. Selbst die Mittagshexe, als Roggenmuhme immerhin lesebuchbekannt, sollte noch spuken. Auch der Mummumm oder Mummanz, eine Art nicht näher zu bestimmender Schwarzer Mann, konnte im Roggen umgehen. Und wie zur Bestätigung und zum Beweis für die Realität, für die Lebendigkeit der vermuteten Feldgeister, wie zur Unterstreichung der feindbildlichen Abschreckungsversuche sah ich mit eigenen Augen, wie an der Kirschallee ein Mann im blauen Heinrich, es muß kein Schlosser gewesen sein, barfuß aus dem Roggenfeld auftauchte, den Feldweg querte und im nächsten Feld‑stück wieder untertauchte. Das war mir unheimlich. Eine Anomalie des Landlebens, das sich angewöhnt hatte, Fremde mindestens voller Mißtrauen zu mustern. Wer weiß, was der Bummler im Schilde führte, der den Feld‑weg scheute? Nichts als nach Hause rennen und aufgeregt erzählen. Ein gesitteter Mensch läuft nicht quer durch ein Getreidefeld. Wehe, dreimal wehe, wenn der Rittergutsin‑spektor Meschke den Kerl erwischt hätte oder gar Bauer Lehmann, allseits als Bläk‑Lehmann bekannt und ge‑fürchtet.

Im Jahre 1945 waren Anfang Mai die Wälder bereits eingegrünt. An unserem wackligen Hofzaun schossen die Brennesseln und das Pfeifenkraut hoch. Gemeinsam mit den so überaus unangenehm riechenden Holunderbü‑schen bildeten sie eine grüne, schier undurchdringliche Wildnis. Die Roggenfelder boten Flüchtenden bereits Schutz, wenn man nur rechtzeitig den Kopf einzog. Der noch kurz vor dem Ende des Zweiten Weltkriegs von Hitler zum Generalfeldmarschall beförderte Ferdinand Schörner war als brutaler Endsiegstratege in unserer Ge‑gend zu einer leibhaftigen Schreckgestalt geworden. Sein Name flößte Furcht ein. Er wurde nur mit Angst und Ab‑scheu in den Mund genommen. Die älteren Männer und Hitlerjungen unseres Dorfes waren als Volkssturmmän‑

ner aufgeboten. Sie sollten hinter der Panzersperre liegen, die an der Kreuzung im Oberdorf, gleich hinter dem Freibankhäuschen und dem Gemeindehaus, errichtet worden war und die Gestalt einer hölzernen Staumauer angenommen hatte. Die Männer und Jungen mit der Panzerfaust im Anschlag. Davon war eine ganze Wagenladung angefahren worden. Auch der Schloßmüller war damit reichlich bedacht worden. Ich hatte in einem der Schuppen ganze Berge davon liegen sehen, schön ordentlich aufgestapelt. Kein Mensch weit und breit. Ich hätte nur zuzugreifen brauchen, was ich jedoch nicht tat. Damit sollte die in breiter Front anrollende Kriegswalze der Russen, die die chaotisch ineinander verhedderten Restformationen des deutschen Heeres vor sich herjagte, endlich zum Stehen gebracht werden. Ausgerechnet in unserem Dorf. Während einige dem Befehl Folge leisteten, entzogen sich andere in dem Chaos. Das Ende des Krieges vor Augen, mehr noch in den Ohren. So zum Beispiel unser Nachbar, der kriegswichtige Holzarbeiter Josef Reder, Jahrgang 1899. Er entwich in die wunderbar schützenden, undurchdringlichen Roggenfelder von Durchlaucht, die gleich hinter dem Haus, das er bewohnte, begannen, sich gewissermaßen an seinen Gartenzaun lehnten. Er brauchte nur die Feldsteintreppe hochzusteigen, den Blechring abzuheben und die hintere Gartenpforte zu öffnen. Und schon war er spurlos verschwunden. Dort konnte Schörner ihn lange suchen. In anderen Dörfern der Umgebung ließ der einige ältere Männer hängen, die sich mit weit weniger Glück dem letzten Aufgebot zu entziehen versucht hatten. Von Riemsdorf herüber war das

Gedonner zu hören, das eine Mörserbatterie verursachte, die ihre Granaten in Richtung Elbtal abfeuerte. Die Luft war voller Rumor, der tagelang nicht mehr abebbte. Zunächst hatte es nur gegrummelt, dann drückten Gefechtslärm, Geschützdonner, Panzerrollen auch in unser Dorf hinein. Kleewunsch, jederzeit hintendran im Deutschen Reich, war, als im Grunde schon alles vorbei und zunichte war, was wie verheißen tausend Jahre währen sollte, noch zur Festung erklärt worden wie auch Hartha am Tharandter Wald. Danach gab es für Erklärungen dieser Art keinen Handlungsspielraum mehr. Der Kriegsstau, der damit ein letztes Mal erreicht wurde, wirkte sich für uns auf dem Dorfe jenseits der Autobahn verheerend aus. Als vom Oberdorf her bis in unseren Häuslerwinkel hinunter und wieder hinauf in unser Haus auf dem Berge ein Lauffeuer brannte: »Die Russen kommen!«, flohen manche Familien in heller Panik mit Kind und Kegel in den Roggen. Ob schon jemals über die Segnungen eines Roggenfeldes berichtet wurde? Verständlicherweise wird ein Landmann, der dem Ackerbau obliegt, wenig Freude empfinden bei dem Gedanken, sich sein Roggenfeld als Zufluchtsort zu denken. Und doch, und doch wird diese mißbräuchliche Nebennutzung in all den Kriegszeiten, bei all den Brandschatzungen, wie sie eben noch zu meiner Zeit über die Dörfer und ihre Bewohner herfielen, so lebensrettend gewesen sein wie damals in den Maitagen des Jahres 1945, von denen ich zu berichten weiß.

Das zeitige Frühjahr des Jahres 1945 hatte im Grunde bereits im Februar eingesetzt und nicht mehr abgelassen, üppig ins Kraut zu schießen. Dieses Grün in Hülle und Fülle war dankbar angenommen worden. Vornehmlich als schützende Hülle. Als hätte da eine geheime überirdische Absicht gewaltet. Mögen es rettende Engel gewesen sein, die Deserteuren wie ebenso flüchtigen Zivilisten, denen die Furcht im Nacken saß, ausreichend Deckung im Grünen boten.

Damals lag mein Abenteuer, das ich in einem Roggenfeld erlebte und zu bestehen hatte, fast ein Jahr zurück. Auch wenn man uns Kindern wieder und wieder, von Mal zu Mal dringlicher eingeschärft hatte, das Weichbild des Dorfes nicht zu verlassen, taten wir, meist in Rotte büttelnden, stromernden, irgend etwas ausbaldowernden Jungen dies doch bei jeder sich bietenden Gelegenheit. Einen Hamster konnte man beim besten Willen nicht im Dorfe fangen. Da mußten wir uns schon auf die abgeernteten Weizenschläge begeben. Die Äpfel, die uns der Herbst anbot, waren am besten von den Alleen zu holen, die die Feldwege säumten. Und wenn sich nicht gleich eine Gruppe bildete, zog man halt zu zweit oder zu dritt auf Abenteuer aus.

Widersprüchlicherweise kam es aber auch vor, daß einer aus der Nachbarschaft mit einem Auftrag über Land geschickt wurde. Und wer ging schon gern allein so weite Wege. So wurde ein Spannemann gesucht, der die Wege kürzen half und die Langeweile des Laufens verscheuchte. Jeder dieser Wege eröffnete ein Abenteuer. Eines, das aus dem Ochsentrott herausführte, der das Leben in unserem Rittergutsdorf bestimmte. Ich kann mir nicht denken, daß sich Kinder noch heute mit Botenaufträgen über Land schicken lassen wie wir seinerzeit, um den Birkenhainer Hausschlächter zu bestellen, um die Schafschererin oder die Gänseräuferin anzusagen, um einen Rucksack voll frühlingszartem Rhabarber aus Schimmrich herbeizubuckeln für eine Nachbarin. Um durch das Saubachtal nach Constappel zu laufen oder um in eigener Sache am Waldrand entlang zu schleichen bis zur Harthe, weil dort die ersten Frühkirschen so verführerisch sich zu röten begannen. Möglichkeiten und Notwendigkeiten, sich per pedes apostolorum in der Welt außerhalb des Dorfes umzusehen. Es führten damals weit mehr Wege über Land, die später einfach zugeackert wurden. Ein jeder wies in ein anderes Nachbardorf. Und von jedem dieser Wege ging etwas Magisches aus, das zum Begehen, Erkunden, Ergründen einlud, wenn nicht zwang. Die Unwiderstehlichkeit des Weges. Wofür sonst war er geschaffen. Er mußte unter die Füße genommen werden. Und dabei immer die Warnungen, Ermahnungen besorgter Erwachsener im Ohr. Speziell die Horrormeldungen, die sich eilends forttrugen. Öffentlichen Abscheu provozierend und geheime Sensationslust weckend, wie sie jedwedes ungewöhnliche Ereignis zu erzeugen vermag. Da sollten zwei entsprungene Kriegsgefangene einer Frau in einem Dorf bei Meißen die Brüste abgeschnitten haben. Vermutlich war dieser etwas weiter weg angesiedelte Vorfall nicht so ohne weiteres nachzuprüfen. Der Feindbildpropagandamaschinerie entsprungen, die auch Kohlenklau als nationalen Unhold in die unter Sparzwang stehende Winterhilfswerkwelt gesetzt hatte. Vermutlich. Nichts Genaues wußte man nicht. Daß meine Gedanken-

gänge damals derlei Ab- und Hintergründiges zu erkennen vermochten, ist sehr unwahrscheinlich. Aber
vielleicht haben Erwachsene so geredet und es dabei unversehens an die Kinder weitergegeben, die allzu bereit-
willig die Ohren und dazu den Mund aufsperrten. Daß
bei solch einem Gang über Land von derlei Gerüchten gesprochen wurde, um alles Böse zu bannen, das sich an jeder Ecke auf uns stürzen könnte, liegt auf der Hand. Aber
daß je einer dieser Boten- und Stromergänge als Nerven-
kitzel, als Angstkiste genossen worden wäre, ist mir nicht
erinnerlich. Soll ich mich da meiner Erinnerung anvertrauen? Jetzt, ein Menschenalter später, wenn ich mich
diesem doch recht verschwommen aufblinkenden Früh-
Ich in wechselnder Begleitung zu nähern versuche, ohne
über einen Abstand von etlichen Metern Distanz »hinüber« zu gelangen. Ich vermag dies zu untermauern, indem ich hinzusetze: Die Jungen, mit denen ich seinerzeit
loszog, waren zumeist zwei, drei Jahre älter als ich und
keine »Schißhasen«. Zu fragen ist vielmehr, wo nahmen
wir nur die Zeit her für derlei Erkundungsgänge, die doch
oft ganze Nachmittage beanspruchten. Schule war eine
rasch abgetane Vormittagspflicht. Nachmittage machten
die Kindheit aus. Zumindest waren sie deren weitaus far-
bigere, anschaulichere Lebensschule, in der es so unendlich viel zu sehen, zu hören, zu riechen, zu schmecken,
aufzuschnappen gab. Das, worauf es dabei ankam, nannte
man, in die gängige Dorfverkehrssprache übersetzt: mit
den Augen mausen. Manchmal mußten auch die Hände
zu Hilfe genommen werden.

Ehe der Weg in ein ganz bestimmtes Roggenfeld führt,

muß der Ochsenkutscher Franz Maroske vorgestellt werden. Denn er war der Anstifter dieser Geschichte, durch
die nun endlich, um etwas Bewegung in die Sache zu
bringen, ein Handwagen gezogen wird. Franz Maroske
brauchte Bretter, um einen Entenstall zimmern zu können. So einfach und aussagekräftig hätte die Geschichte
auch beginnen können. Ganz ohne Vorhof und Anlauf.
Aber da meine Sorge vornehmlich jenen Lesern gilt, die
sich mit Roggen und im Kornfeld nicht so gut auskennen,
meinte ich ein bißchen ausholen zu müssen. Grundierung
kann nicht schaden. Sie setzt ins Bild. Es ließ sich, da ich
mich der historischen Wahrheit verpflichtet fühle und
nicht gern so flunkere, daß alles hanebüchen wird, mit der
Geschichte beim besten Willen nicht erst 17.00 Uhr beginnen. Zu jenem Zeitpunkt, da die Marquise, die nun
wirklich jeder Leser kennen müßte, aus dem Haus zu gehen pflegte. Wohl war Maroske Kutscher, aber ein Pferdegespann wurde ihm nicht anvertraut. Er befehligte ein
Ochsenfuhrwerk, das dem Rittergut gehörte. Was zu be-
tonen und wiederholen nicht unterlassen werden darf.
Sein verlängerter Arm ein Siebenriemer. Zwar gebärdete
er sich so, als hätte er über das Gespann zu verfügen. In
Wirklichkeit jedoch wurde über ihn verfügt. Jeden Morgen aufs neue, vor dem Stall, wenn der Schirrmeister das
Tagewerk zuteilte. Franz Maroske, zu abgewittert, um
eingezogen zu werden, war erst während der Kriegsjahre
auf dem Gut gelandet, als Mangel an Kutschern herrschte.
Fast alle Männer waren von ihrer Arbeit abberufen worden. Zuerst die jungen, noch ledigen Gutsarbeiter, von
denen nicht ein einziger wieder auftauchte nach dem

Krieg. Fast alle Pferde zwischen drei und dreißig waren von den Musterungsmärkten weg sogleich irgendwelchen Militärdepots zugeführt worden. Von ihnen fand nicht eines den Weg zurück. Es blieben der Landwirtschaft nur invalide, überalterte Gäule, die von der Wagendeichsel, an die sie gekettet waren, gehalten wurden. Die Feldarbeit mußte deshalb notgedrungen auf Zugochsen umgestellt werden.

Maroske war eines Tages neben einem solchen Gespann aufgetaucht. Wer weiß, von woher. Ein Zugvogel unter den Landarbeitern, die es nirgendwo lange aushielten, Krach mit ihrer Herrschaft bekamen oder sich andernorts ein besseres Leben erhofften. So muß er sein Lebtag von Gut zu Gut gewandert sein. So wie dies vor allem die Melker hielten. Weit abgesetzt von dieser Kaste, in der jeweils ein Oberschweizer das Regiment im Kuhstall führte, rangierte ein Ochsenkutscher in der rittergütlich-feudalen Weltordnung, in der Deputat vor Bargeld ging. Zudem hing jedem dieser Profession obliegenden ein Schimpfwort an, dessen verhöhnender Beiklang keine pejorative Steigerung zuließ. So einer wurde als »Ugsnbimbr« tituliert. Noch weiter unten in der sozialen Rangfolge standen dann nur noch die Hofpampel. Jene Arbeiter, denen ein Gespann nicht anvertraut werden konnte, da sie angeblich »hudderum« und »wiesderum« verwechselten. Wollte man einen Kutscher ärgern, schrie einer von uns Jungen laut aus dem Hinterhalt »Brrrr«. Das war Pferde- wie Ochsensprache.

Kutscher Franz Maroske stand sich mit uns Kindern nicht gut. Fasziniert von dem ganzjährigen Arbeitsbetrieb des Ritterguts, um den sich das Dorfleben drehte, hielten wir uns dort auf, wo etwas geschah, wo wir etwas erleben konnten. Maroske war ein rüder Poltron, ein Meister un-flätigster Fluchreihen und Schimpfkanonaden, die teils seinen störrischen Ochsen, die sich von keinem seiner Flü-che etwas anhaben ließen, teils seinem Pflichtenkreis, in den umgeworfene Heufuder eben gerade nicht fallen soll-ten, teils aber auch in voller Registerlänge uns galten, die wir immerzu auf der Lauer lagen. Verbote mißachtend. Sein Gespann umschwärmten, in der Absicht, auf seinen mit Garben hochbeladenen Erntewagen aufzuspringen und ein Stück als blinde Passagiere mitzufahren. Wenn möglich, bis ins Dorf hinein, bis zur Einfahrt in den Gutshof. Packte ihn die kalte Wut, drosch er unbarmher-zig mit dem Siebenriemer oder einem Gabelstiel auf die Ochsen ein, die nicht so gängig und wendig wie die Pferde waren, ihn aber niemals mit einer noch so schweren Fuhre im Dreck bodenlos gewordener Feldwege sitzenlie-ßen. Er schmitzte knallend nach uns, als gehörten wir zu der lästigen Bremsenschar und Schmeißfliegenschaft, die sein Gespann umwölkte. Kurz, Franz Maroske war ein Prachtexemplar von einem Ochsenkutscher. Als hätte ihn der Fliegenfürst höchstpersönlich an diese Stelle entsandt, an der unser beider Lebensläufe leicht, aber sehr nachhal-tig, wie Figura nun vielleicht hinreichend zeigt, miteinan-der kollidierten.

Zum Haushalt der Maroskes gehörte Erhard. Ziehkind und Prügelknabe in arbeitsamer, wenn auch nicht jeder-zeit arbeitswilliger Armut. »Dir werd ich helfen«, pflegte der schwerhändige Erzieher einleitend zu sagen, ehe er zuschlug. Mal mehr, mal weniger. Meist mehr. Wie es sich grad unter der Schlaghand oder mit dem auf dieselbe gesteckten Bärlatsch ergab, falls nicht die Küchenausrüstung die Kommunikation überbrücken helfen mußte. Letzteres erzürnte hinwiederum die ansonsten nicht auf Krawall gebürstete Frau Maroske. Alle naselang wurde Erhard gesucht, der sich mit Vorliebe an der frischen Landluft aufhielt. Ganz gleich, welche Kapriolen das Wetter schlug. Dann schallte es über den Hof, weit hinweg, erst über die Wilde Sau, die am Schloß vorüberfloß, dann über die Pferde- und Ochsentränke zu den Ställen: »Errad! Errad! Erraaad!« Einmal blieb Erhard einige Wochen spurlos verschwunden. In der Schule, in der er nicht gut fortkam, blieb sein Platz verwaist. Er wußte, daß er dort erst recht nichts zu melden hatte. Irgendein Gutsarbeiter, oder war es der Förster, entdeckte ihn an der damals noch nach Birkenhain führenden Silberstraße am Rande des Gakenbusches. Erhard hatte sich in einen Waldmenschen verwandelt und sich zu diesem Behufe eine Laubhütte gebaut. Ernährungsgrundlage boten ein ausgewilderter Birnbaum und ein Kartoffelacker.

Ich weiß nicht mehr, lag diese Waldmenschära vor oder nach unserem gemeinsamen Abenteuer, das wir uns selbst eingebrockt hatten. Bei Licht besehen, nicht eigentlich wir, sondern Franz Maroske, der weiter nichts wollte als seine Bretter, damit seine Enten nachts vorm »Murd«, dem Steinmarder, gesichert waren. Also wurde Erhard über Land geschickt, eine Fuhre Bretter herbeizuschaffen. Keine Kleinigkeit. Wahrlich nicht. Wozu nicht alles ein Handwagen gut sein mußte. Und er war es tatsächlich.

Der Versuchung, an dieser Stelle die Geschichte des von einem Stellmacher gefertigten Sprossenhandwagens von zwei, höchstens drei Zentnern Tragkraft im Wandel der Zeiten auszubreiten, widerstehe ich, wenn auch schweren Herzens. Aber sonst entschwindet das verheißene Abenteuer unter einer dicken Pferdedecke von Anläufen, Einschüben und Versprechungen. So, als sollte die Geschichte gar nicht eingelöst werden.

Meine Erinnerung bildet sich ein, wir zwei, Erhard und ich als Vor-Spannemax, hätten uns damals, als es drauf ankam und um Bretter ging, dafür entschieden, unseren, also Mutters, Handwagen kurzerhand zu requirieren, da er das stabilere der beiden zur Verfügung stehenden Exemplare war. Die Weltentdeckerneugier muß mich zwanghaft gepeinigt haben. Aus großer zeitlicher Distanz, in einigermaßen auf- und abgeklärter Verfassung und Geisteshaltung will es mir scheinen, dieses Mitgehen, Mitlaufen, Mitziehen an einer Wagendeichsel, an einem Strang habe mir besonders gelegen. Und meine Erinnerung muß einen ausnehmend besonderen, geheimen Wunsch haben, der nichts mit zeitraffender Bequemlichkeit zu tun haben dürfte, all diese Exkursionen durchs sogenannte »zuverlässige Oberland« der Kleewunscher Pflege einem Zehnjährigen zuzuschreiben. Als habe sich alles Erlebte der frühen Jahre auf einen Lebenspunkt konzentriert. Es mag so gewesen sein. Und es ist das gute Recht einer jeden Erinnerung zu raffen, zu straffen, auch wenn es so scheint, als wollte ich das Gegenteil demonstrieren, zu bündeln, Zeiten zu verschieben.

Als ich an jenem Sommernachmittag des Jahres 1944

mit Maroskes Erhard so zuversichtlich loszog, war er zwölf Jahre alt, ich gerade zehn geworden. Das weiß ich genau. Das Roggenfeld, in das wir wider Willen als Irrläufer gerieten, ist das sicherste Indiz für die Zeitbestimmung: Kurz vor der Ernte. Der Roggen »rauchte« längst nicht mehr. Die Körner waren bereits milchig und klebrig geworden und verlangten nach Sonne. Nach sehr viel Sonne, um hart zu werden. Vom Himmel herunter sollte sie brennen Tag für Tag, was das Zeug hielt. Der Bauer machte die Daumennagelprobe und wußte, wann es soweit war, das Feld mit der Sense anzuhauen, damit der Garbenbinder rundum fahren konnte.

Aber ich greife vor. Erst muß der Wagen mit Schwartenbrettern beladen sein. Akkurat geschichtet, so daß die Ladung nicht verrutscht. Gleich nach dem Mittagessen machten wir uns auf die Chaussee. Fuhren guten Mutes zum Dorf hinaus. Am Haltepunkt der Schmalspurlinie Meißen–Triebischtal–Freital–Potschappel vorüber. Doch heute war nicht die Zeit dafür, Münzen auf den Schienen auszulegen, um sie von der Lokomotive und den drei angehängten Personenwagen breitfahren zu lassen. Das blieb für ein andermal. Ohne Handwagen hätten wir ein gut Teil des Weges abschneiden können, indem wir einfach der Bahnlinie gefolgt wären. Von Schwelle zu Schwelle, wie sonst zum Zeitvertreib erprobt und wie in den armseligen Nachkriegsjahren geübt. Immer dann, wenn das Bähnchen, die »Heddl«, wie so oft unpäßlich war und dem Fahrplan nicht Folge zu leisten vermochte. Der Pulk der in Triebischtal Wartenden war dann gezwungen, die lumpigen fünfzehn bis zwanzig Landstraßen- und Bahnkilometer unter die Füße zu nehmen. Lauf, Müller, lauf! In zwei Stunden und zwanzig Minuten bist du zu Hause. Wenn du kräftig auslegst und Zeit schindest beim Klotzen. Mit dem Handwagen, der laut und vernehmlich hinter uns herratterte, war der Abschneider leider nicht zu befahren. Für Erhard und mich hieß es vielmehr, die Straße immer schön ausfahren. Vom Bahnhof auf die Höhe, an der Kneipe vorüber, einem stattlichen Einzelgut, hundert Meter von der Straße zurückgesetzt, mitten in die Feldmark hinein. Dann eben dahingewandert, in die Kurve hinein und gleich wieder hinaus mit Schwung. Zuseiten fast nur Felder bis an die Meißner Chaussee. Und von dort wiederum dasselbe in Grün. Auf der Chaussee festen Boden unter den Rädern. Asphalt mit vielen Schlaglöchern, denen man ausweichen kann. Schüttaufs Gasthof an der Ecke wird nur gestreift. Eine ehemalige Ausspanne, in der es so schläfrig zugeht, als gingen darin gar keine Menschen mehr um. In dem Häuschen linkerhand, ehe es die Dorfstraße hinuntergeht, auf der wir nichts verloren haben mit unserem Auftrag, den ich freiwillig und nur zu gern mit angenommen hatte, wohnte seinerzeit Schuhmacher Prietzel, dessen frei umherlaufende Ziegenschar mit Vorliebe um die Schusterkugel herumturnte und manchmal etwas in den besohlten und geriesterten Schuhen hinterließ. Prietzel selbst oder einer seiner Söhne brachte Mutter die Zeitung für die Kinderreichen. Ich gäb was drum, ein einziges Exemplar vorweisen zu können. Aber meine juvenile Leidenschaft, Zeitungen und Zeitschriften mit der Schere zu betrachten, hat reinen Tisch gemacht. So bleibt nur die Erinne-

rung an den kinderreichen Schuhmacher und seine spen-
dierfreudigen Häuslerkühe. In dem freistehenden Haus
rechterhand, in dessen Vorderfront ein auffällig großes
Schaufenster eingelassen war, hinter dem ein paar Werbe-
plakate verwelkten, wohnte Kurt Mäbert, der sich auf
Fahrräder verlegt hatte. Da es keine neuen mehr zu ver-
kaufen gab, reparierte er unverdrossen die alten Mühlen
wie auch alle im Umkreis in Betrieb befindlichen Nähma-
schinen, vorzugsweise des Fabrikats »Hedwig«, von dem
gesungen wurde: »O Hedwig, Hedwig, Hedwig, die
Nähmaschine geht nich.« Dahinter aber hatte uns die
Einsamkeit der endlosen Landstraße in ihre Obhut genommen. Aus der Ferne waren ein paar Gehöfte zu sehen.
Weit drüben auf einem Erdpodest das von Bauer Ocktorff, den wenige Jahre später der Blitz erschlug, als er
während eines Gewitters unter einer Eiche Zuflucht gesucht hatte. Der Kirchturm blieb uns lange ein äffender
Fingerzeig. Über die Kammlinie der Ährenfelder gereckt.
So, als ob er schwimmen könne auf den Feldern und uns
dabei weiszumachen schien: Ihr Kerle kommt ja doch
nicht von der Stelle. Bergab auf der fahrzeugfreien und
menschenleeren Landstraße setzten wir uns in den Wagen, um schneller und bequemer voranzukommen. Erhard vorn, ich hinter ihm. Die waagerecht vorgestreckte
Deichsel hatte er sich zwischen die lang gemachten Beine
geklemmt. Für diese nicht ganz ungefährliche Fahrweise,
ohne die meine Dorfkindheit nicht komplett gewesen
wäre, hatten wir einen Ausdruck parat, für den ich keine
hochdeutsche Entsprechung weiß: »Beenelempeln«. Je
steiler der Berg, desto größer die Wahrscheinlichkeit zu

»vereppeln«. Denn Bremswerk gab es an einem Hand⁄
wagen, wie er uns zur Verfügung stand, nicht. Und wie
sollte, wenn es schiefging, der Lempler abspringen, die
Beine unterm Querholz durchgestreckt der Länge lang.
Diesmal ging alles gut. In der Delle, dem tiefsten Punkt,
die Bahnschienen gekreuzt. Nun aber »Giwien« an der
Zufahrt nach Röhrsdorf vorbei, in die ein Pferdegespann
eingebogen war. Wie schön, wenn wir unsern Hand⁄
wagen hätten anhängen können. Heute nicht. Wieder
bergan, Birnbaum um Birnbaum. Eine ganze Allee, die
kein Ende nehmen wollte. Die Birnen noch grasgrün und
knochenhart, wie wir probeweise feststellen mußten. Jeder
von uns mit einer Hand am Deichselkreuz. Und jetzt im⁄
mer schön neben der Bahnlinie her, die kein Zug befuhr.
Bis zur nächsten Höhe. Dort oben endlich, endlich, schon
von weitem zu sehen der Bahnhof für die Dörfer Röhrs⁄
dorf und Ullendorf. Weit außerhalb beider Ortschaften
gelegen, die sich ansonsten nichts angingen. Aber neben
dem Bahnhof das Baugeschäft, in dem Erhard die Bretter
zu holen hatte. Die begehrten Schwarten, die Franz Ma⁄
roske in einen Entenstall zu verwandeln trachtete. Wie ge⁄
sagt, Schwartenbretter, ungesäumtes Abfallholz. Anderes
wäre auch gar nicht zu haben gewesen. Wir luden den
Wagen voll. Ein weniges über die Leitern hinaus. Nach
oben wie nach hinten hinaus. Dann einen Kälberstrick
gespannt. Die Fuhre festgezurrt. Vorn mußte Platz blei⁄
ben fürs Gelenke. Sonst hätte sich der Wagen nicht mehr
deichseln lassen. Für zwei Kinder unseres Alters war die
Bretterfuhre viel zu schwer. Das meinte der Lagerarbeiter,
der uns die Bretter vom Stapel zugereicht hatte. Und mit

dieser Last mußten wir sechs, sieben Kilometer Straße bewältigen, die nicht nur eben dahinlief. Die Vorstellung,
die endlos lange, so trostlos öde Strecke wieder zurückzu-
kutschen mit dieser Ladung, muß uns gleichermaßen ab-
schreckend in die Glieder gefahren sein. Eine Heimfahrt
stand bevor, die Überlänge bekommen hatte. Aber es war
weniger die nur mit großer Kraftanspannung zu bewe-
gende Last, vor der uns graute. Dieses ungute Gefühl
wird es wohl gewesen sein, das uns eingab, nach einem anderen Rückweg zu suchen. Probeweise. Und so kam uns
die tolle Idee, Ungeschick, verlaß uns nicht, über Röhrsdorf zurückzufahren. Den Weg zu nehmen, den auf unserer Hinfahrt das Pferdegespann eingeschlagen hatte.
Durch ein langgestrecktes Straßendorf, das kein Ende
nehmen wollte und in dem wir uns gar nicht auskannten.
Von der Dorfstraße zweigten so verwirrend viele Nebenwege ab. Einer verführte uns, verfrüht von der Fahrstraße
abzubiegen. Wir Ahnungslosen, denen es nicht einfiel,
nach dem richtigen, einzig möglichen Weg zu fragen,
glaubten voller Zuversicht, alle Wege rechtsab müßten
zwangsläufig in unser Dorf führen. Erhard dachte, er habe
einen Abschneider gewählt. Wie so oft im Leben war dabei der Wunsch der Vater des Gedanken. Also fuhren wir
einfach los. Hinan und zum Dorf hinaus. Einmütig. Und
siehe da, wir gerieten auf einen gewöhnlichen Feldweg,
der zwischen zwei Bauernburgen schön geradlinig hin-
durchführte und ständig bergauf ging. Bald jedoch kam
uns der Weg spanisch vor. Das Dorf lag nun längst hinter
und unter uns. Auf die Idee, doch lieber wieder umzukeh-
ren, kamen wir nicht. Kein Mensch weit und breit. Nichts

als Felder links und rechts des Weges, der sich unversehens verflüchtigte, felderwärts verlor. Wir wollten nach
Hause. Wir mußten zum Teufel noch eins wieder in unser
angestammtes Dorf einrücken, lastbehangen. Und Erhard
dachte wohl daran, was ihm blühte, wenn er die kostbaren
nagelneuen Schwartenbretter, die für den Entenstall bestimmt waren, einfach ins Feld geworfen hätte. Sollte er
sagen, die Fahrt sei umsonst gewesen? Die versprochenen
Bretter schon wieder weg, anderweitig vergeben? Nein,
das traute er sich nun doch nicht vorzubringen. Wir mußten mit der Bretterfuhre, die immer schwerer wurde und
an den Armen zerrte, um alles in der Welt genau wieder
im Hof des Ritterguts ankommen, wo Maroskes eines der
schlichten Gutsarbeiterquartiere bewohnten. Koste es,
was es wolle. Und es kostete – Kraft. Doppelt und drei-
fach. Gemessen an der, die uns die Chaussee abverlangt
hätte. Unser beider Kräfte, so ungleich sie auch verteilt
waren. Wir zerrten und schoben aus Leibeskräften. Was
die Muskeln nur hergaben. Meist Erhard beidhändig an
der Deichsel, ich hinten. Manchmal umgekehrt. Einer
zog, der andre schob. Ja, aber nun! Wie wir uns mit dieser
verdammten Bretterfuhre abplagten zur Rettung von Maroskes Enten und durch die endlosen Felder über den
Feldweg quälten, der kaum noch als solcher auszumachen
war, Meter um Meter, standen wir mit eins mitten im
Nichts, in der vollendeten Weglosigkeit. Der Weg hatte
sich unter unseren Füßen verkrümelt. Weg war er. Keine
Spur mehr von ihm vorhanden. Wir standen mitten im
Feld. In einem Roggenschlag, der uns samt Wagen und
Brettern unter sich verschwinden ließ. Die Deckung war

ausgezeichnet. Die hängenden Ähren schlugen über uns zwei Unglücksraben zusammen. Ganz jämmerlich war uns zumute. Den sträflichen Leichtsinn, vom Wege abzuweichen, mußten wir schwer büßen. Wenigstens in der Richtung, die wir einzuhalten meinten, glaubten wir uns nicht zu irren. Aber orientiere sich einer nur mal in einer Welt, die aus schier mannshohen Kornfeldern besteht, über die ein Kind nicht hinauszublicken vermag. Erhard kletterte wie ein schiffbrüchiger Matrose auf die Wagenladung, um Ausschau zu halten nach einem Punkt, auf den wir zuhalten konnten und der das Ende unserer Irrfahrt verhieß. Aber er sah ringsum nichts als das Roggenmeer. Ein einziges oder eines am anderen, was auf dasselbe hinauslief. Welchen Unterschied machte das jetzt noch für zwei Jungen, verloren feldinmitten, denen eine Bretterfuhre anvertraut worden war, die unter keinen Umständen im Stich gelassen werden durfte. Vorwärts und nicht zurück! Zum Glück war der Boden knochenhart. Also trug er den schweren Wagen. Wir zerrten ihn mit letzter Kraftanstrengung durchs Korn. Eine häßliche Trampel- und Schleifspur hinterlassend. Als sei der Bilsenschnitter am Werke gewesen. Aber weder schnitten noch fraßen wir auch nur einen Halm ab. Bloß durch. Irgendwo, irgendwann müßten wir doch rauskommen aus diesem Urwald nickender Ähren voller kratzender Grannenhaare. Wieder und wieder stieg Erhard auf die Bretter, die wir verfluchten. Aber er sah jedesmal nichts. Wenn wir nur erst aus dem Roggenschlag heraus wären, in dem wir uns so gräßlich-blamabel verirrt hatten. Ganz gleich, wo wir dann landeten.

Sicherlich hat die Erinnerung das Feld, das wir querten wie die Spitzbuben, die etwas zu verbergen haben, viel größer werden lassen, als es in Wirklichkeit war. Außerdem ist in der Vorstellung eines Kindes alles anders dimensioniert. Viel größer, viel weitläufiger, als dies ein Erwachsener wahrgenommen hätte. Das merkt man immer dann, wenn man später einmal an solch einen durchmessenen Tatort der Kindheit zurückkehrt. Zwei bis drei Kilometer könnten es gewesen sein, die wir so in der Weglosigkeit zurücklegten zwischen Röhrsdorfer Flur und der Kneipe. Nun selber Bummler und Mummanz. Keine Ahnung, wie lange wir brauchten, um uns durch das Feld zu müllern, und endlich wieder einen Weg erreichten, der uns von der gespenstischen Irrfahrt erlöste. Irgendwann muß auch das größte Getreidefeld einmal ein Ende, einen Rand haben. Als wir aus der körnertragenden Ährenflut auftauchten, sahen wir in einiger Entfernung ein großes Gut liegen, das nur die Kneipe sein konnte. So war es dann auch. Wir bekamen wieder so etwas wie einen Weg unter die Räder. In Gestalt eines Rasenweges. Ähnlich der Wagenspur, der wir uns leichtfertigerweise in Röhrsdorf anvertraut hatten in kindhaft unerfahrener Verkennung der tatsächlichen Straßenführung zwischen den Dörfern. Aus dem verständlichen Drang heraus, den Weg abzukürzen, möglichst in Luftlinie, ihn so rasch als irgend möglich zu bewältigen.

Franz Maroske wollte seine Bretter, aus denen er einen passablen Entenstall zu bauen gedachte. Und er bekam seine Bretter frei Haus geliefert von Erhard. Daß ich dabei war, wußte er nicht und erfuhr er nie. Nicht eine

Schwarte haben wir über Bord geworfen, als wir auf Grund gelaufen waren. Und geheult haben wir auch nicht in der verfahrenen Situation. Erhard könnte es bezeugen. Nur er. Wer sonst? Soll ich mir selbst glauben? Einen solchen Wahnsinn mit verzapft zu haben? Auf ein, zwei Stunden Verspätung kam es nicht an. Erhard hütete sich sehr wohl, zu Hause, was immer das für ihn war, die Fahrt durch das Roggenfeld zum besten zu geben. Da wäre Ziehvater Franz wieder einmal mehr stiwid geworden und hätte fluchend nach dem Stiefelknecht oder der Ofenkrücke gelangt. Erhard und ich hüteten fortan ein Geheimnis.

Ich habe mich mehr als ein halbes Jahrhundert zurückgehalten, es auszuplaudern. Wer wollte uns jetzt noch beschimpfen und bestrafen? Erhard, was ist bloß aus dir geworden? Als du 1946 aus der Sachsdorfer Klippschule sang- und klanglos abgehen durftest, ohne Zutsch und Trara, wurdest du sofort Knecht bei einem Bauern im Dorf. Da gab es zu essen. Was auch sonst wäre dir damals möglich gewesen? Die Leute im Dorf, ich schließe mich ein, nannten solche wie dich despektierlich Küster. In früheren Zeiten hieß man sie Osterjungen. Damals gab es noch Knechte und Mägde. Fünfzehn Nachkriegsjahre sollte dies beibehalten werden. Aber Erhard Teichmann, so hieß er mit bürgerlichem Namen, hat das abrupte Ende seines Standes nicht abgewartet. Schon ein Jahrzehnt zuvor, als die ersten Werber über Land zogen und junge Männer in Uniformen einzusacken suchten, machten sie ihm das ach so herrliche Soldatenleben schmackhaft. Urplötzlich nahm er Abschied von seinen Bauersleuten.

Sollten sie nur sehen, wie sie ohne ihn zurechtkamen. Ebenso ungerührt nahm er Abschied von seinen Gäulen, von den Maroskes, von unserem Dorf, das auch ich damals gerade verließ. Freilich aus anderen Gründen als er, ohne auf ein Leben in Uniform erpicht zu sein. Und Erhard ließ sich nie wieder blicken. Als ich den Bauern fragte, ob er nicht wüßte, was aus ihm geworden ist, wo er abblieb, verneinte er. Nie kam ein Zeichen von ihm.

WINTERFREUDEN

Zwei Jungen laufen auf der zugefrorenen Kleinen Triebisch, einem gemächlich schlendernden und schlenkernden Wiesenflüßchen von bescheidener Länge, das sich hier, keine zehn Kilometer von der Quelle entfernt, viel Zeit läßt, zum Ziele zu kommen. Das Ziel kann natürlich nur Große Triebisch heißen. Da das Wasser in der breitwannigen Aue ein bißchen trödelig wird, überzieht es sich bei anhaltendem Frost leicht mit einer Eisdecke. Der Name des bescheidenen Gewässers, zu dessen Ruhme hier nichts gesagt werden soll, dringt nur um ein weniges über die Ortschaften hinaus, die es durchfließt oder streift. Von den zehn kleinen Schrot-, Mehl- und Schneidemühlen an seinem Lauf stehen schon acht still. Zwei Mühlräder drehen sich noch ein paar Jahre, bis sie samt den Fludern, die sie mit Wasser versorgen, verrotten und verrumpeln. Die Uferböschungen sind von Erlen bestanden, dazwischen allerlei Gesträuch, das sich nach und nach selbsttätig ausgebreitet hat und das von Zeit zu Zeit auf den Stock gesetzt wird. In den Sommermonaten suchen die weidenden Kühe gern die Schatteninseln unter den verwilderten Kopfweiden auf. Wo sie ans Ufer treten, um ihre Mäuler ins Wasser zu halten, haben sie die Narbe zerstampft und das Gelände in einen Morast verwandelt. An gehölzentblößten Stellen ist der Bachlauf mit Leichtigkeit zu überspringen. Um sicher im Gras auf der ande-

ren Seite zu landen, nimmt man zur Vorsicht einen kleinen Anlauf. Aber dieses Spiel ist um diese Jahreszeit
gänzlich ohne Sinn und Zweck. Jetzt reizt es die beiden
vielmehr, die spiegelglatten, sauber polierten Flächen zu
betreten, auf denen der Wind den Schnee weggeblasen
hat. Eine Laufbahn voller Geheimnisse und Abenteuer,
wie jeder Weg, wie jede Spur, der zum erstenmal nachgegangen wird. Die überschneiten Buckel, unter denen sich
Steine verbergen und angeschwemmtes Geröll, sind leicht
zu umgehen. An manchen Stellen ist die Decke dünn wie
Fensterglas oder ausgefranst. Dann trägt sie nicht. Dem
Eis ist nicht zu trauen. Soviel Erfahrung haben die beiden
schon. Sie probieren halt erst, ob das Eis auch wirklich
ihren Körper trägt. Sie zuscheln und ruscheln, schindern
und schlittern, springen und hopsen von Schleife zu
Schleife. Immer auf der Schlängellinie entlang, die nicht
zu verfehlen ist. So kosten sie jeden Mäander aus. Jeden
Augenblick gewärtig, etwas zu entdecken. Das Nichts
und die ganze Welt. Wenn sie sich nur in zwei Hosentaschen unterbringen ließe. Nebeneinander, im Wechsel
hintereinander. Wie es grad kommt. Keiner will sich an-
maßen, den anderen anführen zu müssen. Ein Gleich-
klang, der keiner Abmachung bedurft hatte. Überhaupt:
geredet wird wenig. Die beiden kennen sich übrigens erst
seit einer Stunde. Und doch fühlen sie sich in stiller Über-
einkunft als ein Freundespaar, das gemeinsam durch dick
und dünn geht. Hier nun bindet das Eis, über das sie gehen. Außer ihren Vornamen wissen sie wenig voneinander. Der Junge im Mantel ist erst vor einigen Tagen hier
angekommen. Mit einem Flüchtlingstransport aus Memel.

Gelegentlich verständigen sie sich durch einen abgehack-
ten Zuruf. Keiner versucht den anderen auszustechen bei
diesem Entdeckungsgang auf einem beiden gleichermaßen
unbekannten Flußlauf zwischen zwei Dörfern, keine
Wegstunde voneinander entfernt. Ein behäbiges Bauerndorf, hinter ihren Rücken im Schnee versunken. Ein
Dutzend stattlicher Gehöfte, die im Karree wuchtig wie
Burgen auf Hügelbänken thronen. Stolz, wortkarg, un-
nahbar. Wie der Herre, so's Gescherre! Unterhalb, dicht
an der Straße ein paar einspännige Häuser. Die später hin-
zugewachsene Dorfarmut mit einem Wiesenfleck für
Ziege oder Schaf. Hinter einer Bodenwelle noch scham-
voll versteckt das aus einem Vorwerk hervorgegangene
Nachbardorf der Kuhfatzler. Kleinbauern und Armuts-
teufel, die es zu nichts gebracht haben. Eine Armutei aus
vierzehn Grundstücken. Ein Ort, der ob seiner Dürftig-
keit und Abgeschiedenheit die wohlhabenden Bauern der
Nachbarschaft zum Spott reizt und nichts als herabset-
zende, verächtliche, kränkende Nachreden auf sich zieht.
Hinter Klein-Lotteritz sei die Welt zu Ende war ein geflü-
geltes Wort. Die Lokalfama überlieferte die Abenteuer
ausgekochter Felddiebe. Deren Geschichten immer nur
darin gipfelten, daß es den Helden zu guter Letzt immer
wieder glücken mußte, dank irgendeiner mehr oder weniger zum Lachen reizenden List und seiner affenartigen
Flinkheit, von den nächtlichen Beutezügen heimzukeh-
ren, ohne in flagranti erwischt zu werden. Das war gewissermaßen der einzige Ehrenpunkt, den es zu erfüllen galt.
Nichts wäre schlimmer gewesen, als dem Gespött und der
Lächerlichkeit anheimzufallen. Die Strafe wäre leichter

zu tragen gewesen. Zwischen zwei Dörfern so unterschiedlicher Beschaffenheit bewegen sich die gleichaltrigen Jungen in kindlicher Unbedachtheit wie auf einer Expedition. In der Winterstille sind sie sich selbst überlassen. Keiner schreibt ihnen vor, was sie zu tun – das vor allem – und was sie hier zu lassen haben. Selbst ist der Mann. In völliger Selbstvergessenheit sind sie einem Spiel hingegeben, das sie möglicherweise gar nicht als solches empfinden.

Aus Leibeskräften hacken und stampfen sie in das schelberige Eis mit den Absätzen der hohen Schuhe. Mit einer unbezähmbaren Lust, die von weither kommen muß, schlagen sie die Luftblasen auf. Als sei dieses Stampfen mit dem schräggestellten Fuß, die Benutzung eines Beines als Hacke, ein angeborener Reflex. Nicht zu unterdrücken. Wer weiß! Diese Arbeit mit den Füßen ist die beste, einmütigste Verständigung zwischen den beiden Jungen. Und wenn der Schuh im Übereifer wirklich einmal ins Wasser pfatscht, wird er eilends zurückgezogen. Der tranige Schmer, mit dem er eingefettet ist, wird das Wasser schon abstoßen. Mal sehen! Darin eben besteht das Kunststück: Auf der schützenden Eisdecke im Trockenen zu bleiben. Und das ist zugleich der geheime Stachel, dem Wasser, das unter den Sohlen gluckst, so nahe als möglich zu kommen. Die magische Anziehungskraft des Wassers auszunutzen. Ein unwiderstehlicher Drang, dem Wasser zu widerstehen. Einen Flußlauf mit den Füßen entlangzugehen. Dieses Probieren und Ausmessen! Keiner weiß von dem Eislauf der beiden, der sich wie von selbst angeboten hat. Ob sich nicht doch ein Loch ins Eis schlagen läßt mit einem der herumliegenden Stöcke oder Pfähle? Die Jungen balancieren auf einer Grenzlinie zwischen Getragenwerden und Einbrechen, ganz der unberechenbaren Tragkraft der Eisdecke anheimgegeben, nein, verfallen. Ein abenteuerlicher Test. Auch so etwas wie eine Mutprobe. Kann es ein größeres Vergnügen geben? Der Fluß nimmt kein Ende. Die Kinder darauf zwei immer kleiner werdende Punkte, die sich aus der Wirklichkeit zu entfernen scheinen.

Auf dem Rückweg queren sie die Viehkoppeln. Neugierig schnüren sie hinter den Gehöften entlang, an Feldscheunen vorbei. Spähen durch Astlöcher. Was mag sich im Dunkel der Remisen verbergen. Schade, daß sich die ungenutzt herumstehende Feldschmiede nicht davontragen läßt. Das wäre ein Spielzeug. Als sich die beiden Jungen nach Stunden wieder bei ihren Müttern auf dem fremden Bauernhof einfinden, werden sie längst erwartet. Die Stimme der Frau aus Memel ist auffällig verkratzt und sehr tief. Sie wird von Weinkrämpfen geschüttelt. Zwei Frauen reden ihr begütigend zu. Vergeblich versuchen sie ihr einzureden, sie werde sich schon bald einleben in der neuen Umgebung. Die Jungen, die so einträchtig durchfroren und durchweicht von ihrem Streifzug zurückgekehrt sind, werden ihr gleich als schlagender Beweis vor Augen gehalten. In der stickigen, düsteren Atmosphäre des Zimmerchens fühlen sich die beiden Jungen gar nicht mehr so unbekümmert wie draußen auf dem Eis und im Schnee. Das armselige Quartier, in dem Schuhe, Schimützen, Fausthandschuhe um den Ofen zum Trocknen ausgebreitet worden sind, ist ungemütlicher und beklem-

mender geworden, als es ohnehin schon ist. Die dunkel-
blauen Überfallhosen müssen erst einmal von Eisklun-
kern, die sich im Überschlag verfangen haben, gesäubert
werden. Der Frau mit der dunklen Stimme stößt das
Elend in blasigen Schluchzern auf. Sie würgt ihr Un-
glück aus sich heraus und kommt doch nicht dagegen an.
Ihre Verlorenheit auf dem fremden Dorf teilt sich den
Kindern als etwas Unheimliches mit, das sich nicht in
Worte fassen läßt.

Zwei Jungen laufen auf der Kleinen Triebisch. Der
kurvenreiche Eisweg durch verschneite Wiesen scheint
niemals zu enden. Zwei immer kleiner werdende Punkte,
die in einem Raum von grenzenloser Tiefe verschwinden.
Der Erinnerung kommt es so vor, als habe an jenem De-
zembertag im letzten Kriegswinter die Zeit den Atem angehalten für zwei Zehnjährige. Einer von beiden muß ich
gewesen sein.

DER SCHANDFLECK

Sechs Jungen aus zwei benachbarten Dörfern bildeten einen Schuljahrgang. In meinem Falle jedenfalls traf dies zu. Vom Jahrgang 1931 gab es nur einen einzigen Jungen. Hingegen drei Mädchen. In dem Jahr, bevor ich zur Schule kam, hatten drei Jungen den kompletten Jahrgang zu vertreten. Gegen Kriegsende kam dann noch ein Versprengter hinzu. Einem der Flüchtlingstransporte aus Schlesien zugehörig gewesen, wohin er von Hamburg aus gelangt war, um vor Bombenangriffen besser geschützt zu sein. Teil einer Aktion, Kinderlandverschickung genannt. Nun also Strandgut des Krieges. Vorerst ohne Nachricht aus Hamburg und ohne Möglichkeit einer Rückkehr. Wegen seiner auffälligen Schlichtfrisur, die Läusen kein Versteck bieten sollte, hatte er sofort seinen Spitznamen weg, den er nicht wieder verlor und der so festsaß, daß sich sein Familienname vergaß. Der Lehrer nannte ihn Egon, wir Glatze. Vier Jahrgänge hatten bis Kriegsende, bis wenige Tage vor Kriegsende das Klassenzimmer gefüllt, in dem sie gemeinsam unterrichtet wurden. Abwechselnd wurden drei Jahrgänge mit schriftlichen Aufgaben hingehalten, während dem vierten der Stoff mündlich mitgeteilt oder abverlangt wurde. Und dies jahraus, jahrein, seit alters im Wechsel. Der Lehrer dabei jeweils in der Rolle eines Liedermeisters, der einen Kanon einzuüben bemüht ist. Zumeist aber weit eher in der eines Dompteurs. Denn das Unterrichten glich auf diese Weise vielmehr einem Dressurakt, bei dem es nicht ohne Blessuren abging. Was Wunder, daß man als Schulabgänger bei einem solcherart verhackstückten Bildungsgang mit Ach und Krach die vier Grundrechenarten beherrschte und die Alphabetisierung über die Anfangsgründe nicht allzuweit hinausgelangte. Mit dem Dividieren haperte es im achten Schuljahr oft noch. Von Bruch oder Prozentrechnung lieber gar nicht erst zu reden.

Jeweils im Frühjahr, vor dem 20. April, wurden die Schüler der vierten Klasse auf einen neuen Lebensabschnitt vorbereitet. Zunächst theoretisch, also rein geistig. Ich entsinne mich, daß mit mir solch ein unumgänglich gewordenes Vorbereitungsgespräch geführt wurde. Wir Neun und Zehnjährigen sollten nun Hitlerjungen werden. Das war beschlossene Sache. Daran war nicht zu rütteln. Auf diese Idee kam keiner der sechs, die nun ins Jungvolk der Hitlerjugend einrückten und den Dienstgrad Pimpf erhielten. Von Beförderung zu sprechen ginge an der Wahrheit vorbei. Vielmehr handelte es sich um Bestimmung, und zwar um eine gesetzliche. Kurz, da wurde schon wieder etwas erzwungen und zur Pflicht erklärt, nicht anders, als es sich mit dem Schulbesuch verhielt. Über diesen niedersten Rang innerhalb der vormilitärischen Pflichtausbildung von Kindern bin ich nie hinausgelangt. Was ich denn auch wahrheitsgemäß angab, wenn ich auf dem Personalbogen, den ich allzuoft auszufüllen genötigt war, nach innegehabten, erreichten militärischen Dienstgraden ausgefragt wurde und erklären mußte, mit meinen Angaben zur Person nichts als die reine Wahrheit berichtet zu haben. Man konnte so etwas nie ernst genug nehmen.

Der Führer der Jungenschaft, in der die Schuljungen im Alter von zehn bis vierzehn unserer beiden schulisch verklammerten Dörfer zusammengefaßt waren, einschließlich der Handvoll, die aus Sora, Lotzen, Lampersdorf herüberzukommen und sich einzureihen hatten, bereitete mich auf den neuen Pflichtenkreis vor. Was mag er tatsächlich zu mir gesagt haben? Damals! Im Monat März, oder war es Anfang April des Jahres 1944? Ich – keine zehn Jahre alt. Aber der Geburtstag des Führers zählte, nicht der meine. Und schon war ich aufgerufen, mich zu uniformieren. Nicht daß ich mich freudigen Herzens danach gedrängt hätte, eingereiht zu werden, wie uns suggeriert wurde. Es war das Unvermeidliche, in das man sich zu schicken hatte. Dumpfe Ergebenheit. Respekt vor dem wesentlich Älteren, in dem ich fast schon den Erwachsenen sah. Respekt, der keinerlei Widerrede zu denken und erst recht nicht zu äußern wagte. Ich wußte ja, und mir wurde bei dieser Vorstellung regelrecht bange, jetzt kam es darauf an, körperliche Tüchtigkeit, Gewandtheit, Schnelligkeit und derlei Eigenschaften mehr unter Beweis zu stellen und mitzuhalten. Möglichst nicht negativ auffallen und in Gruppenverschiß geraten. Da hatte ich einen vor Augen, der als Spottfigur herumlief, nur verhöhnt und heruntergeputzt, der immer wieder aufs neue schikaniert und niedergemacht wurde. Wegen seiner laschen Körperhaltung hieß es, er suche wohl Gummi-Fuffzcher. Und genau dieser Verachtung vermochte ich nicht zu entgehen, was mich alsobald erst recht verschreckte und abstieß. Sportlichkeit war gefragt. Im Fach Sport, seinerzeit Leibesübungen genannt, war ich immer aufgefallen. Unangenehm. So unangenehm, daß eine Steigerung schwerlich denkbar war.

Besagtes und beklagtes Schulfach, das sich zum Glück nur einmal in der Woche auf dem Schulhof abspielte in Ermangelung einer Turnhalle, beschränkte sich auf zwei Mannschaftswettkämpfe. Wer bei Völkerball getroffen wurde und den Ball nicht fing, galt als abgeschossen und hatte das Spielfeld zu verlassen. Bei der etwas simpleren Variante, »Wer fürchtet sich vorm schwarzen Mann« geheißen, war der Ball nicht vonnöten. So viele Möglichkeiten es gab, in der Masse unterzutauchen, mir wollte dies nicht gelingen. Daran dachte ich, als mir die Pimpf-Perspektive eröffnet wurde. So sah ich den zu gewärtigenden außerschulischen Ereignissen mit erheblichen Beklemmungen entgegen. Was Fatalismus ist, wußte ich damals noch nicht. Aber ich lebte diesem Wissen voraus. Unbewußt. Gefühlsmäßig. Sehr unheldisch.

Mutter hatte einen Paßprich zu unterschreiben, den ich in die Wohnung des neuen Vorgesetzten trug. Er wohnte wie ich in einem Häuslerhaus, das dicht an der Straße stand. Im Oberdorf, wo sein Vater Schuhe und Stiefel reparierte. Sein Großvater hatte dieses ehrsame Handwerk dort schon betrieben. Ob aber auch der Urgroßvater auf dem Schusterschemel saß, weiß ich nicht zu berichten. Den Großvater sah ich oft laufen. Im Altväterhabitus, vollendet schwarz vom steifen Hut bis zu den Schuhen hinab. Er trug das geriesterte und besohlte Schuhwerk über Land zu den auswärtigen Kunden, in deren Dörfern es keinen Schuhmacher gab. Auf dem Rücken einen aus der Mode gekommenen Rucksack, Quersack genannt. Alle Bewohner des kleinen Hauses hießen Puschke. Wasser gab es im Haus nicht. Es mußte über die Straße getragen werden, eimerweise. Von einer nie versiegenden Quelle, zu der man eine gewinkelte Feldsteintreppe hinuntersteigen mußte. Und da diese gefaßte Quelle noch andere Anwohner speiste, zu deren Behausung kein eigener Brunnen gehörte, standen jederzeit Eimer und »Schepptopp« (Schöpftopf) in Bereitschaft. Das Wasserloch hieß die Zscherre. Was beweist, daß schon in grauen Vorzeiten die Dorfbewohner sich dort mit Trinkwasser versorgten und dabei die Bezeichnung von Generation zu Generation weiterreichten. Jahrhunderte lang. Jene sorbischen Namensgeber, die sich dann späterhin mit den andringenden fränkischen Siedlern mischten. Heute ist dieses altmodische Loch zuseiten der Dorfstraße zugeschüttet. Seit Jahrzehnten fließt das Wasser in jeden Haushalt aus der Leitung. Von den Wasserträgern, die ich volle Eimer über die Straße heimschleppen sah, ist keiner mehr am Leben. Und demzufolge weiß auch keiner mehr von der Schöpfstelle, die immer nur die Zscherre hieß. Nie anders. Wohl an die tausend Jahre.

Werner Puschke, dem Jahrgang 1930 angehörig, also gerade aus der Schule entlassen und kaufmännischer Lehrling in Kleewunsch geworden, war Vater und Großvater nachgeraten. Wie in so vielen Häusern unseres Dorfs galt es auch im Schuhmacherhaus, sich der niedrigen Deckenhöhe anzupassen. Aber Schuhmacher werden

wollte Werner partout nicht, auch wenn seine Körper⸗
größe die besten Voraussetzungen dafür bot und er der
einzige Familiennachkomme und somit ungefährdeter
Anwärter auf den Schusterschemel war. Er setzte darauf,
jedenfalls ließ er dies immer wieder verlauten, bald einge⸗
zogen zu werden. Der Beruf des Schuhmachers war ihm
nicht heldisch genug. Aber auch als sich die Verhältnisse
geändert hatten, ließ er sich von seinem Traumberuf nicht
abbringen und ist seinen Weg gegangen, den er sich vor⸗
gezeichnet hatte. Doch ich will nicht vorgreifen.

Wie fast alle Jungen im Dorf hatte auch er seinen Spitz⸗
namen weg. War gar nichts zu finden, bekam man den
Vornamen des Vaters verpaßt. Hatte der seinerseits einen
Beinamen, wurde dieser in der Sohnesgeneration der Ein⸗
fachheit halber beibehalten. Woher diese Namen genom⸗
men wurden, wie sie aufkamen, ist mir immer ein Rätsel
geblieben. Einem mehr oder weniger albernen Zufall ge⸗
schuldet, einer Bagatelle, einem Versprecher, einer äußer⸗
lichen Merkwürdigkeit, einer Abweichung von der eiser⸗
nen Dorf⸗Norm. Eine kunterbunte Mischung, dieses
Angenamse, das sich in Windeseile herumsprach, als All⸗
gemeingut im Sprachgebrauch festsetzte und nicht mehr
abzuschütteln war. Mindestens solange die Kindheit
währte. Manch einem lief der Nom de guerre sein ganzes
Leben nach: Boxer, Mixel, Helas, Sack, Kiefett, Hutt,
Batt, Mob, Mäusel, Deutscher, Schanze, Zappel, Wurzel,
Schmeling standen für juvenile Findungsgabe. Auch
wenn der Beiname zunächst mit einem Unterton von
Spott verpaßt worden sein mochte, wurde er rasch neutra⸗
lisiert und selbstverständlich. So selbstverständlich, daß

ihn der so Angerufene als eine Art Ehrenname annahm und gelten ließ. Sein Sträuben hätte ihm auch wenig genützt. Gab er doch das bestärkende Gefühl und mehr noch die Gewißheit, ein Dazugehöriger zu sein, kein Fremdling, kein Außenseiter, mitzuzählen in der Korona. Und der Spitzname war schließlich das Gütesiegel, mit dem einem bescheinigt wurde, Mitglied einer verschworenen Gemeinschaft zu sein. Freilich gab es Ausnahmen. Zu ihnen zählten jene, deren Spitzname nur hinter dem Rücken des Betreffenden in Gebrauch war. Dann bedeutete er aber auch immer Ausgrenzung aus der Rotte Korah und nicht Mitgliedschaft. So zum Beispiel war dies bei Werner Puschke, dem Sohn des Schuhmachers aus dem Oberdorf. Von früh an haftete ihm der Beiname Zwecke an. Was er nun nicht gerade erhebend fand und deshalb nicht auf sich sitzenlassen wollte. Zwecke stand ganz eindeutig pars pro toto für das Handwerk des Vaters. Mag sein, daß dieser Schuhe und Stiefel überreichlicher als andre seinesgleichen mit Eisenwaren bestückt hat. Zum zweiten aber, und dies machte den Namen so schön doppelbödig, war das auf die Körpergröße gemünzt. Diese als Makel empfundene, ererbte Beschaffenheit versuchte Zwecke bei jeder sich bietenden Gelegenheit wettzumachen durch eine geradezu exaltiert wirkende Schneidigkeit, die uns, seinem Fußvolk, lächerlich vorkam. Besonders gern brüllte er zum Schluß des »Dienstes«, ehe er uns Pimpfe wegtreten hieß, sein »Zicke-zacke-hei-hei-hei« in die Ohren. Nie vermochte ich mir darunter etwas Sinnvolles vorzustellen. Das ewige »Heilhitler«, das er nicht müde wurde, uns abzuverlangen und selbst frenetisch verzückt aus sich herauszuschreien, als wäre dies sein ureigener Kampfruf gewesen, kam bei uns, die wir dicht vor ihm in Reih und Glied zu stehen hatten, immer nur als ein »Heilhitte« an. Und so galten für uns Zwecke und Hitte gleichermaßen als Ausdrücke, mittels der wir auf Distanz zu ihm gingen. Zuweilen vermochten sich die Gefühle der Untergebenen bis zur Verwünschung aufzuladen.

In den der Theorie vorbehaltenen Pimpfdienstnachmittagen, die in unserem Klassenzimmer stattfanden, wurden wir nachdrücklich belehrt und aufgeklärt, daß es für einen deutschen Jungen Pflicht sei, immer und überall nur den Hitlergruß erschallen zu lassen mit der entsprechenden freisportlichen Armbewegung. Dies läßt hinreichend Rückschlüsse zu auf den lässigen Umgangston, wie er im Dorf gemeinhin üblich war. Wie die Dörfler, Erwachsene wie Kinder gleichermaßen, miteinander umgingen. Da hatten sich so Kurzformen abgeschliffen, die der weitverbreiteten Maulfaulheit entgegenkamen. Mir ging Zweckes Aufklärungsunterricht über die Hutschnur. Und ich fragte, in ungeheuchelt naiver Ungläubig- und Verständnislosigkeit, ob ich denn nun fortan auch unsere Nachbarin, aus deren Brunnen wir das Trinkwasser zu holen genötigt waren, mit einem »Heilhitler« zu begrüßen hätte. Das konnte ich mir nicht vorstellen. Obwohl mir Zwecke erwiderte, aber ja doch, selbstverständlich, ließ ich es bei den althergebrachten schicklichen Begrüßungsritualen.

Der Pimpfdienst fand mittwochs und sonnabends statt und füllte Woche um Woche zwei schöne Kindernachmittage. Zu jedem der anbefohlenen »Dienste« wurde eine schriftliche Einladung von Zwecke versandt oder verteilt.

Jede dieser Vorladungen endete mit der drohenden Aufforderung »Erscheinen ist Pflicht!« Was wiederum Rückschlüsse zuläßt und den Mangel an Begeisterung wie Kampfbereitschaft unterstreicht. Trotzdem kam es immer wieder zu lässigem oder gewitztem Pflichtentzug. Entschuldigungen waren schriftlich einzureichen bei Zwecke.

In dem einen Pimpfjahr, das ich zum Glück nur absolvieren mußte, hatte ich nur wenig Tuchfühlung mit dem Kleewunscher Fähnlein 21 und schon gar keine mit dem Bann 208. Jeder Pimpf hatte sich eine komplette Uniform und Ausrüstung zu beschaffen. Auf eigene Kosten selbstverständlich. Dieses Opfer war dem Vaterland zu bringen. Also war Mutter gezwungen, mich einzukleiden für den Sommer und den Winter, wie vorgeschrieben. Gleich den meisten Mitmarschierern meines Jahrgangs übernahm auch ich eine bereits getragene Uniform von einem dem Pimpfalter entwachsenen Hitlerjungen, der als knapp Sechzehnjähriger zum Militär eingezogen und sogleich an die Ostfront beordert wurde, von der er nicht mehr zurückkehrte. Es hieß, so redeten die Leute um mich herum, in der Annahme, über meinen Kopf hinweg, er habe beim Rückmarsch nicht so schnell laufen können wie die anderen. So schloß ich gleich auf mich, dachte an meine miserablen Laufzeiten und Spurtqualitäten, sah mich im Geiste um mein Leben rennen, Bajonettspitzen im Rücken, dicht hinter mir. Nur wenige Jahre jünger als der Vorträger meiner Uniform. Ich dachte mit gemischten Gefühlen an mein klägliches Abschneiden beim Sechzig-Meter-Lauf. In meiner Naivität bekam ich die Vorstellung vermittelt, Krieg sei eine Art Wettlauf, bei dem es auf Geschwindigkeitsrekorde ankam. Ähnlich wie beim Kleewunscher Reichssportfest. Später, viel später erzählte mir einer von seinen Kriegserlebnissen an der Ostfront. Wo es tatsächlich auf Spurtqualitäten ankam beim Rück׳ zug. Nur weil er sich vorsichtshalber im Schützengraben mit dem Feldspaten Stufen gegraben hatte und so schnell genug fliehen konnte, als es wieder einmal galt, sich rück׳ wärts zu konzentrieren, kam er als einer der wenigen sei׳ ner Einheit mit dem Leben davon. Womit meine angstbe׳ sessene Kinderphantasie ihre Bestätigung in der Realität fand. In einer, die glücklicherweise einige Jahre zurücklag.

Zu dem etwas verschossenen Braunhemd mit Haken׳ kreuz am Ärmel gehörte ein Halstuch, das mit einem Le׳ derknoten festgezogen wurde. So akkurat, daß die Zipfel ein gleichschenkliges Dreieck auf dem Rücken bilde׳ ten. Die schwarze Cordhose konnte gar nicht kurz genug sein. Zwecke maß eigenhändig. Dabei galt natürlich seine Handbreite. Mindestens eine Handbreite über dem Knie hatte die Hose unbedeckt zu lassen. Zwei Handbreiten waren das heldische Optimum, das einen deutschen Jun׳ gen auszeichnete. Auf Heldentum, das an der Hosenlänge abgemessen wurde, wollte sich Mutter nicht verstehen. Für sie galt eine solche Vorgabe nicht. Ich hatte es auszu׳ baden. Ihrer Meinung nach konnte eine Jungenhose ruhig bis an die Knie herunterreichen. Verstöße gegen die Klei׳ derordnung schädigten angeblich das Ansehen der Hitler׳ jugend. Wer sich nicht an die Kürze hielt, galt als Memme und wurde während des Appells heruntergeputzt. Wie die Soldaten standen auch wir in Dreierreihen. Nach

Körperlänge sortiert. Exakt militärisch ausgerichtet. Vorn an der Lulatsch als Flügelmann. Beim Durchzählen, dies wurde besonders häufig und verbissen exerziert, hatten wir Pimpfe Gelegenheit, dies so zackig als irgend möglich zu absolvieren. So wie es uns Hitte vorzubrüllen liebte. Dabei war der Kopf des Ansagers jeweils ruckartig herumzureißen Richtung Nebenmann. Um ihm die Zahl, auf die es ankam und zu der man degradiert worden war, nur ja recht laut ins Ohr brüllen zu können. Militärisch abgehackt. So wurden wir auf den zu gewärtigenden Kasernenhofton eingeschliffen. Aber wehe, wenn sich bei diesem Zeremoniell einer vor Eifer oder Aufregung verhaspelte. Dann begann das Spiel von vorn.

Die Hose wurde von einem breiten Lederkoppel gehalten. Breiter war auch das der Soldaten nicht. Es wurde mit einer zweispornigen eisernen Schnalle, dem Schloß, verriegelt. Das Schloß hatte zu glänzen. Um den stilisierten Adler, der auf einem Hakenkreuz balancierte, kreiste die Devise, unter der wir anzutreten hatten und leben sollten: »Blut und Ehre«. Da ich es nach dem Krieg nicht über mich brachte, das Koppel wegzuwerfen wie das Fahrtenmesser samt lederner Scheide, feilte ich das sich vorbauchende Hakenkreuz weg. Allerdings erst, als sich ein Onkel aufgeregt hatte, daß ich bei der Feldarbeit so unmöglich gestrig herumlaufe.

Wie stark mitunter die Langeweile meiner Dorfkindheit zugesetzt haben muß, beweist die mir jetzt höchst seltsam, wenn nicht gar widersinnig anmutende Tatsache, daß ich zuweilen auf dem Sportplatz zwischen Mühlgraben und Wilder Sau saß, um zu sehen, was die Pimpfe,

denen ich noch nicht angehörte, so trieben. Zu den wehr-
ertüchtigenden Übungen gehörte das Schlagen von Pur-
zelbäumen. Eine Bewegungsart, der ich nicht sonderlich
zugetan war. Dies galt ebenso für alle rollenden und kopf-
stehenden Verrenkungen. Selbst beim Schaukeln wurde
mir schwindlig. Mitunter schon vom bloßen Zuschauen.
Eines Pimpfnachmittags war Schießen angesetzt. Jeder
Pimpf hatte drei Schuß aus einem Kleinkalibergewehr
Richtung Zielscheibe abzugeben. Nach solchen Karten
schoß auch Vater mit einem Tesching, bis er einrücken
mußte und fortan mit einem Karabiner umzugehen hatte.
Der Schußrückstand, die leeren Hülsen, eigneten sich besonders gut als »Munition«, zur Nachnützung für Katapulte, mit denen so ziemlich jeder Junge im zivilen Leben
ausgerüstet war. Mein Spielfreund aus dem Häuslerwinkel, mit dem ich nicht nur den Feldwegstaub am Dorfrand aufwühlte, schoß dreimal pfatsch-pfatsch-pfatsch in
die Weiden am Mühlgraben. Also schimpflich weit daneben. Außerhalb des Fahrkartenbereichs. Seine Schüsse
waren für den Kugelfang verloren. Gar nicht dort angekommen. Kostbares Metall vergeudet. Zwecke belegte
den Schützen mit herabsetzenden Äußerungen. Er hatte
sich lächerlich gemacht, deshalb mußte er fertiggemacht
werden, zunächst verbal. Ein probates Mittel zu jenen
Zeiten, das alle jene zu spüren bekamen, die nicht spurten.
Heulend rannte der Schlumpschütze über den Sportplatz
davon. Kletterte auf eine der geborstenen Kopfweiden am
Rand des Baches, so hoch hinaus es gerade noch anging,
und heulte sein Elend laut hinaus. Weithin war zu hören,
was er weinend ausstieß: »Das sag ich meiner Mutter! Das

sag ich meiner Mutter!« Zwecke fühlte sich nun erst recht bestärkt und bestätigt. Und so schallte es zurück: »Muttersöhnchen! Muttersöhnchen! – Memme! Schlappschwanz! – Feigling! Feigling!«

Dieser gegen alle Spielregeln verstoßende Störfall vermochte mich weit mehr zu beeindrucken als ein Treffer ins Schwarze, der auch vorgekommen sein mag unter den andern Pimpfen, die diese Schießübung auf dem Sportplatz zu absolvieren hatten.

Zweimal mußten wir Pimpfe aus den fünf Dörfern nach Kleewunsch marschieren. Das Marschieren im Gleichschritt, normalerweise einem deutschen Jungen offensichtlich angeboren, war oft genug auf dem Sportplatz geübt worden, dazu Schrittwechsel. Darauf wurde speziell meine Pimpfwenigkeit von Hitte trainiert. Galt ich doch als schwerer Fall, da ich keinen Schritt halten konnte. Mag sein, daß da ein empfindlicher Mangel an Ehrgeiz mitgespielt hat bei allem tatsächlich vorhandenen Unvermögen, mit dem ich auch späterhin noch so manches mehr böse als liebe Mal glänzte. Obwohl ich dies nicht beabsichtigte oder gar provokativ heraufbeschwor. Aber es wirkte halt immer wieder so. Die Marschordnung zu jeder Zeit empfindlich störend als unverbesserlicher Latsch-Latsch. Da der Marschblock nach Länge der Marschierer sortiert und geordnet worden war, blieb für mich ohnehin nur das letzte Glied. Einer der Pimpfe stammte aus Leipzig, war von seinen Eltern wegen der Bombenangriffe vorsorglich bei einem Bauern unseres Dorfes einquartiert worden, hatte uns tumben Toren großstädtische Erfahrungen voraus. Auch als Pimpf. Er wußte mit Erlebnissen aufzuwarten, die mich vorgewarnt sein ließen, als es galt, in Kleewunsch zu einem großangelegten Geländespiel des Fähnleins 21 anzutreten. Dank der Kunde des Leipzigers konnte ich mir lebhaft ausmalen, was mir bei einem solchen Zweiparteienspiel drohte, bei dem allemal eine Kriegssituation mit Feindberührung möglichst lebensecht simuliert wurde. Im Geist sah ich mich dabei schon in Gefangenschaft geraten und von der Übermacht des Feindes gewaltsam aufgebracht. Pardon wird nicht gegeben. Was nur zu bedeuten hatte, unsereiner sollte jämmerlich verdroschen werden und dabei noch gute Miene zum bösen-blöden Spiel machen. Die Tölpel vom Dorfe waren dafür gerade die besten Demonstrationsobjekte. An und mit denen konnte man gleichzeitig Rachegelüste befriedigen und Verachtung gegenüber der Feindesmacht handgreiflich praktizieren. Nur immer fest draufhauen. Derlei Aufklärungsarbeit des Stadtflüchtlings bestärkten mich und meinen Freund, den Weidenkletterer, einfach zu schwänzen, nicht zum Dienst zu gehen, als ebenjenes Geländespiel angesetzt war. Wir wurden gesucht. Man ahnte wohl, daß wir uns aus den zu befürchtenden Kampfhandlungen heraushalten wollten. Zwecke verhandelte mit Mutter, insistierte auf Preisgabe meines derzeitigen Aufenthaltsortes und der Herausgabe meiner Person. Selten war ich so dringend gefragt, wenn es um vaterländische Belange ging. Wer weiß, was er ihr und mir alles androhte? Mutter ließ sich nicht erweichen. Sie gab mein Versteck nicht preis. Ich hatte mich im dunkelsten Loch des Hauses, einem vormaligen Schweinestall, hinter einer Mauer aus Reisigbündeln verkranicht. Zweimal immerhin in diesem Pimpf-

und Schimpfjahr, in dem ich zum Schandfleck des Kleewunscher Fähnleins avancierte, bin ich mitmarschiert. Im
letzten Glied, versteht sich.

Wie oft hatten wir Dorfjungen Soldatentrupps singen
gehört, die auf irgendwelchen militärischen Übungen im
Gelände unterwegs waren. Mit Vorliebe sangen sie »Es
reiten die blauen Dragoner ...«, obwohl es die längst nicht
mehr gab, »Schwarzbraun ist die Haselnuß ...«. Oder sie
orgelten aus voller Brust: »O du schöner Westerwald,
über deinen Höhen pfeift der Wind so kalt ...« Wie kein
anderes Lied, das damals im Schwange war, verfing sich
gerade dieses in meinen Ohren. Ich weiß genau, wo ich es
hörte, von woher es durchs ganze Unterdorf schallte. Die
Soldaten marschierten auf die Schäferei hinauf, wohl in
eine der riesigen Rittergutsscheunen. Der Marschgesang
aus Männerkehlen wallte über den Mühlteich, über die
Gärtnerei, in den Krautgarten hinein, bis in unseren
Häuslerwinkel. So intensiv, daß es nie mehr aus den
Ohren geht. Es gibt Geräusche, die dort bis zum Lebens-
ende aufbewahrt bleiben.

Und da sich der Pimpfdienst im Jungvolk als eine fort-
laufende vormilitärische Einübung ins Soldatenleben
verstand und er demzufolge nur darauf ausgerichtet war,
versuchte uns Zwecke ein bestimmtes Repertoire von
Marschliedern einzutrichtern, um später auch da, im
volkskünstlerischen Bereich der Wehrmacht, mithalten zu
können. Zu seinen Lieblingsliedern gehörte »Wir lagen
vor Madagaskar und hatten die Pest an Bord, das Wasser faulte in den Kesseln, und jeden Tag ging einer über
Bord ...«. An zweiter Stelle rangierte das »Burenlied«,

dessen vollständigen Text ich bis heute nicht ausfindig zu machen wußte. Vielleicht gibt es ein Archiv für Militär-liedgut, an das ich mich in dieser Angelegenheit wenden müßte? Der Leipziger brachte uns eine Umdichtung bei, die sofort angenommen wurde. Der Burenvater, der mit all seinen Söhnen in den Kampf zog, wurde von uns fortan nur noch freventlich verhohnepipelt. In dem jüngsten sei-ner Söhne, der kaum fünfzehn Jahre zählte, muß Zwecke sein Idol gesehen haben. Wir sangen also jedesmal, wenn das Lied wieder angesagt war, mit furioser Leidenschaft »unser« Lied: »Da lieget der Bur mit zerschossener Uhr, und keiner sagt ihm die genaue Zeit.« Zwecke geriet in Wut und brüllte im Tonfall höchsten Zornes angesichts eines solchen Sauhaufens, den er befehligte: »Lied aus! – Lied auss! – Lied ausss!« Wir aber sangen das schöne Lied, das uns zu Höchstleistungen im Grölen hinriß, vol-ler Renitenz zu Ende.

In Kleewunsch hatte sich unsere Jungenschaft ein-zureihen in den großen Marschzug, der anläßlich des Reichserntedankfestes gebildet wurde. An der Spitze ein Fanfarenzug, der für Stimmung sorgte im Städtchen. Gleichzeitig sollte er die Hitlerjugend und ihre Nachhut, das Jungvolk, beflügeln, zackige Marschierer abzugeben, sie gewissermaßen zu einer Einheit zusammenzuschwei-ßen. Meine Hintermänner murrten, weil ich das Gleich-maß der Marschordnung mit meinem unvorschriftsmäßi-gen Gelatsche störte. Auch die fortwährenden Versuche, den Schritt zu wechseln, halfen dem auffälligen Übel nicht ab. Daß ich bei dieser Gelegenheit keine gute Figur machte, war mir sehr wohl bewußt. Weit mehr aber doch den anderen. Ich hätte vor Scham in den Erdboden versinken mögen. Aber der tat mir nicht den Gefallen, sich aufzutun. Ich wär ja gerne im richtigen Schritt und Tritt mitmarschiert, um nicht aufzufallen. So aber war ich ein Störenfried. Zunächst befand ich mich mitten im großen Marschzug, ohne einen Anfang, ohne ein Ende zu sehen, reinweg verloren. Irgendwo inmitten dieser unübersehbaren, in Reih und Glied marschierenden Menge. Eskortiert von zackigen Zwecken und höheren Chargen. Erwachsene und Kleinkinder säumten die Straße. Erwachsene in Uniform stolzierten als Trabantenschar mit. Marschierer, Mitläufer, Zaungäste, Ordner, Fanfarenbläser, Trommler, Befehlshaber. Alle angefeuert vom Geschmetter des Fanfarenzuges, das die Stadt ausfüllte. Ein solch heroisches Spektakel hatte ich noch nicht erlebt. Viel lieber hätte ich die Rolle des Zuschauers gespielt. Nun aber galt es, der wie ein mechanisches Spielwerk funktionierenden Menge, die aus gedrillter Beinarbeit bestand, Genüge zu tun. Einfach zu marschieren. Aber so, daß sich kein Bein verhakelte und verhedderte. Und genau dies gelang ausgerechnet mir nicht. Immerzu schrie einer neben mir, der uns argwöhnisch kontrollierend begleitete: »Links, links, links!« Ein anderer, der hinter mir lief, brüllte: »Gleichschritt halten!« Was mir abverlangt wurde, klappte ganz einfach nicht. Sosehr ich mir in meiner Verzweiflung auch Mühe gab, die Forderung des Tages zu erfüllen. Ich störte die schöne ebenmäßige Marschordnung ohne Unterlaß. Mein Corpus hätte sich ja zu der mitreißenden Musik wie von selbst, ohne mein willentlich angestrengtes Zutun, reinweg automatisch also, in die Ordnung, wie sie bei solch einem Aufzug üblich und vielleicht sogar notwendig war, einfügen können. Dann wäre ich in den Genuß gekommen, nicht aufzufallen. Aber just dieser Automatismus funktionierte in mir nicht. Weiß der Teufel, warum. Ich weiß es bis heute nicht. Ein unaufgeklärter Defekt sicherlich. Auch späterhin sollte es mir nicht gelingen, in einem Marschzug Schritt zu halten. Zur Entschuldigung konnte ich nur vorbringen, das habe man mir schon im Dritten Reich trotz intensivster Bemühungen meines Jungenschaftsführers nicht beizubringen vermocht. Allerdings war ich dann nicht mehr mit derartigen Peinigungen beschwert wie damals, im Herbst des Jahres 1944, als ich vor lauter verkrampftem Schrittwechselgeholper gar nicht mehr zum Marschieren kam.

Der Heini, von dem die Rede lief, war ich. Der Schandfleck mußte raus. Und so wanderte ich, ein hoffnungsloser Fall unter marschierenden Hitlerjungen, nach hinten. Zu den Hinkern, Fußkranken oder sonstwie Gehbehinderten, die dem Vaterland ihre Beinfehler präsentierten. Aber wo ich auch hinkam bei diesem Rückzug, in welches Glied man mich auch schubste, es wurde überall gemurrt. So einen wie mich wollte man nicht um sich haben. Ich störte die Ordnung noch in den hintersten Reihen. So daß ich mich am Ende in die erst recht peinliche, weil um so auffälligere Lage versetzt und degradiert sah, das Schlußlicht bilden zu müssen. Ich war mein eigenes abschreckendes Anschauungsmodell. Von Neugier, die mich doch sonst bei jeder möglichen wie unmöglichen Gelegenheit plagte, konnte keine Rede mehr sein. Wohl aber von Scham und Schande.

Meine Erinnerungen beweisen, daß ich trotz aller Pein, in die ich so tief hineingetaucht worden war, doch noch einiges um mich her wahrnahm. Oder vielleicht wurde das Wahrnehmungsvermögen aus dieser Außenseiterposition gerade geschärft? Während wir marschierten, ich dabei die Marschordnung versaute, hinkten und humpelten neben uns Hinterletzten invalid geschossene Soldaten her, die noch ihre Uniform trugen. Mehrere stützten sich auf lange hölzerne Krücken, die sie sich in die Achselhöhlen rammen mußten, um von der Stelle zu kommen. Einer, dem beide Beine fehlten, wurde im Rollstuhl geschoben von zwei Pimpfen. Vermutlich sollte diese Begleitung den militärischen Ernst unseres Aufmarsches unterstreichen. Der Aufmarsch, als Festzug deklariert, gipfelte darin, dem Führer für die mehr oder weniger glücklich eingebrachte Ernte zu danken. Auch wenn noch so manche Feldfrucht im Boden der Kleewunscher Pflege steckte. Zur Feier des Tages und für die symbolischen Gestecke waren schon einige rotbäckige Runkelrüben, für die unsere Gegend berühmt war, vorgeerntet worden. Heute kann ich kaum glauben, daß die militärische Begleitung die Kriegsbegeisterung gesteigert haben könnte. Aber hinterher sieht man immer besser. Das Sichtbare wie das Unsichtbare. Das Gespenstische wie das Gespenst in seiner Leiblichkeit.

Von den markigen Reden, die auf dem Kleewunscher Sportplatz gebrüllt wurden, ist nicht ein einziger Satz, nicht ein einziges Wort hängengeblieben. Vorbeigerauscht wie so vieles, was damals an Phrasen und faustdicken Lügen hinausposaunt wurde und was danach folgte an ähnlich heroisch aufgemutzten Aktionen, bei denen ich immer das Schaf in der Herde zu spielen hatte. An jenem glorreichen Herbsttag stand ich schuldbekümmert und reichlich belämmert eingezwängt. Sehr weit hinten in Deckung. Das einzig Angenehme war, ich durfte stillstehen. Welch eine Erlösung. Als Stillsteher fiel ich nicht mehr auf.

Mich hielten ungute Gefühle besetzt. Nicht sicher bin ich, ob ich mir die von damals zu eigen mache. Sie gewissermaßen hypothetisch nachstelle, oder ob ich nicht doch bloß die von heute, die ich mir denke, auf jene projiziere, die ich als Schlußlicht und Schandfleck des Fähnleins 21 vor reichlich einem halben Jahrhundert hatte. Gehabt haben werde. Gehabt haben könnte. Was sind eigentlich ungute Gefühle, wäre zu fragen. Sicher ist, ich habe damals in dieser vorwiegend juvenilen Menschenmenge gesteckt und kam mir dabei sehr fremd vor. Nicht hineinpassend und zugehörig. Von fremdbestimmt zu reden wäre anachronistisch. Also kurz und lapidar gesagt: Sehr fremd und befremdet. Mit einer kindhaft und kindgemäßen Gewißheit angereichert, ja, gesättigt – dermaßen gesättigt, daß diese frühjugendliche Gewißheit als Gefühl im Halse hochsteigt: Brennend, kratzend, ätzend, schlundverletzend. In nichts war ich mir so sicher wie in der Überzeugung, fehl am Platze, fehl auf dem Sportplatz zu sein. Fehl und fremd. Eine Niete. Eine eklatante Fehlbesetzung in jedem Marschzug.

Diese trübe Erfahrung »Marsch-Ordnung und frühes Leid« hat meine instinktive Abneigung gegen alles Militärische begründet. Ich habe als Angehöriger einer der wenigen weißen Jahrgänge freilich auch gut reden. Ich konnte mich drücken. Und ich konnte beizeiten Maß nehmen an Oskar Maria Grafs unentwegtem Zivilisten Schönleber. Wohl eine Kunstfigur, in der sich der Autor wunschbildhaft spiegelt. Die horrende Abneigung gegen Sportplätze und deren Erfinder Friedrich Ludwig Jahn samt seiner gewaltsam auf altdeutsch getrimmten Turnersprache, wie sie in den mit Barren, Pferd, Reck und Kletterstangen ausgerüsteten teutschen Turnhallen fortlebt, sollte mich nie mehr verlassen. Das Nichtkönnen verwandelte sich in ein renitentes Nichtwollen. Oder beide Passivitäten reichten sich die Hand zum Bunde.

Im Jahr 1944 herrschte eine ungewöhnliche Mäuseplage. Myriaden von Ernteschädlingen gefährdeten den Endsieg. Wir Kinder liefen hinter dem Pflug des Rittergutskutschers her und waren gehalten, die in hellen Scharen aus ihren aufgepflügten Nestern springenden Feldmäuse zu dezimieren. Wir gaben uns erdenkliche Mühe, möglichst keines der aufgestöberten, davonspringenden Tiere entwischen zu lassen. Einer der Sachsdorfer Jungen, einer vom starken Jahrgang 32, besaß die Frechheit, sich vom Pimpfdienst selbst zu befreien. Er schrieb eine Entschuldigung. Sein Fernbleiben vom Dienst begründete er damit, dringend Mäuse und Hamster ausgraben zu müssen, um den Feldschädlingen den Garaus zu machen. So etwa hatte er Zwecke geschrieben. Keine Frage, das war auf eine Provokation angelegt. Hätte er dies für sich behalten und wäre er allein mit dem Spaten losgezogen, wäre er als Defätist beim nächsten Pimpfdienst verdroschen worden. So wie der Sohn des Schäfers, mein Freund, zwei Monate jünger als ich. Er mußte die Hosen herunterziehen, damit die Koppel mit dem Schloß als dickem Ende, die gleich mehrere Pimpfe zu schwingen hatten, sich nur ja schmerzhaft genug auf seinem Hintern einprägten. Er hatte sich bei der Übung im Gelände, auf dem uns das Robben beigebracht wurde, geweigert, durch frische Kuhfladen und Brennesseldickicht zu kriechen. So zu tun, als wäre er eine Schlange. Zwecke hatte seine Not mit dieser Befehlsverweigerung. In jenem Falle wurde sie als Feigheit vor dem Feind gewertet und entsprechend hart geahndet. Der Delinquent hatte, zur Rede gestellt, trotzig bekundet, er sei doch nicht so blöd, sich in der Kuhscheiße herumzusielen. Auch wenn dieses Geschnicktwerden bei aller Brutalität Spiel blieb, war die weiße Weste der vier Jahrgänge doch nicht mehr so ganz fleckenlos.

Die famose Idee, den Pimpfdienst zu schwänzen und an seiner Stelle auf einem der endlosen Weizenschläge Mäuse auszuheben, machte unter den Klipphausener und Sachsdorfer Pimpfen die Runde. Und sie weckte Begeisterung. Fast alle schlossen sich an diesem schönen Herbstnachmittag an. Ich fand diese Freizeitbeschäftigung wesentlich angenehmer, weil abenteuerlicher. Ich wollte zu der meuternden Korona gehören. Ganz egal, wohin sie auszog, den Ungehorsam zu lehren. Möglichst weit weg vom Sportplatz. Wir liefen weit hinaus aus dem Dorf über herbstliche Stoppelfelder. Ohne Tritt Marsch die ganze Meute. Ein wilder Haufe minderjähriger Dienstverweigerer gleich einem wild gewordenen Bienenschwarm, der sich vom angestammten Stock getrennt hatte. Da wir

Ausreißer uns Mut einblasen mußten, ließen wir es uns angelegen sein, Zwecke zu verhöhnen und zu verhohnepipeln, indem wir ihn nachäfften und uns gegenseitig sein »Heilhitte! Heilhitte!« zuschrien. Das Gift der Wehrkraftzersetzung zeigte Wirkung. Wir fühlten uns herrlich frei. Wir lungerten auf einem Feld herum. Umstanden die zwei, drei, die tatsächlich mit einem Spaten hantierten. Im knochentrockenen Acker stocherten. Aber dieses seltsame Handwerk blieb allzu offensichtlich Vorwand. Viel schöner war das Gefühl, ausgerissen zu sein. Zwecke ein Schnippchen geschlagen zu haben. Den »Dienst« zu schwänzen. Sich im Bunde der Ausreißer zu wissen verlieh Kraft und ein unbändiges Triumphgefühl. Demonstrativer Ungehorsam. Einfach aus einem angestauten Unbehagen heraus, das nicht zu benennen war. Das auch nicht benannt werden mußte. Mag sein, daß einige der älteren Jungen da weiterdachten, Zusammenhänge sahen, die sich auf den Kriegsverlauf, auf das Weltgeschehen außerhalb des Dorfs bezogen. Von einem unter uns wußte ich, daß er mit seinem Vater Feindsender hörte. Hin und wieder ließ er leichtfertigerweise einfließen, was er gehört hatte. Freilich ohne Quellenangabe. Vorsichtshalber. Wenn wir auch politisch Unwissende waren, weder Zusammenhänge erkannten noch Konsequenzen absahen fürs Ganze, dessen Teil wir waren, für unser Dorf, für jeden einzelnen von uns, so steckte doch ein unbändiger emotionaler Drang in uns: Das Aufbegehren gegen etwas, das uns allen zuwider war. Dazu gehörte die Dauerparole »Erscheinen ist Pflicht!«, der Drill, ein Verhalten, zu dem uns Zwecke zu zwingen suchte, eines, das von unserem

Dorfleben abwich, das wir ansonsten zu führen gewohnt waren und als Normalität ansahen. Indem wir über Zwecke und seinen Dienst herzogen, der nur darauf abzielte, uns zu schnicken, uns abzurichten, pflanzte sich dieser Drang fort, zu meutern und sich zu entziehen. Das, was Heini aus dem Sachsdorfer Armenhaus als Mäusejäger gewagt hatte, steckte epidemisch an.

Während wir nach unterirdischen Feldbewohnern fahndeten, so taten, als ob …, wurde nach uns gefahndet. Ich weiß nicht mehr, wieviel Zeit uns Rebellen blieb, diese Ackerwonne auszukosten. Die Erinnerung möchte den aufmüpfigen Feldspaß nachschmecken und dabei verständlicherweise in die Länge des Herbstnachmittags ziehen. Aber ich bin skeptisch und lege mich deshalb nicht fest. Zumal sich das Tumultuieren auf einem abgeernteten Weizenfeld zwischen Sachsdorf und Kleewunsch zu einer Zeit zutrug, als Kinder noch keine Uhren zu tragen pflegten. Eine Fahrradpatrouille hatte uns aus der Ferne erspäht. Deckung hatten wir nicht gesucht. Wir waren keine Duckmäuseriche und gaben uns folglich weiterhin zu erkennen. Zwecke samt beschränktem Gefolge rückte an. Zwecke samt restlicher Jungenschaft aus den Dörfern, zu denen kein Kurier aus unserer abtrünnigen Mitte durchgedrungen war.

Nun wurden wir »heimgeholt«. Nun wurde uns heimgeholfen. Ab nach Sachsdorf in die Schule, wo uns sonst der theoretische Teil des Pimpfdienstes eingetrichtert wurde: Waffenkunde, Pistolenfabrikate. Wie funktioniert ein Karabiner? Aus welchen und wie vielen Teilen ist das Maschinengewehr vom Typ 34 zusammengesetzt? Wodurch unterscheiden sich Leichtes und Schweres Maschinengewehr? Wie werden sie in ihre Bestandteile zerlegt und wieder zusammengebaut? Erkennung von Flugzeugtypen anhand von Modellbogen. Unterscheidung und demzufolge exakte Kenntnis der militärischen Ränge und Waffenformationen. Vom einfachen Bapser bis zum Generalfeldmarschall hinauf.

Im Schulzimmer wurde uns Feldflüchtern eine geharnischte Standpauke zuteil. Zwecke sprach stellvertretend für Fähnlein- und Bannführer, für Kriegsgerichtsrat und Joseph Goebbels in einer Person. In seiner schneidigsten Schärfe. Er tobte. Ein Rädelsführer mußte nicht gesucht werden. Die Entschuldigung wies den Urheber aus. Nur, wie waren wir anderen alle darauf verfallen, uns ihm anzuschließen? Die schreckliche Mäuseplage hatte es angeblich einer ganzen Reihe von Dienstfrevlern zugleich eingegeben, unabhängig von Heini. Ganz spontan war zum Spaten gegriffen worden. Dem Reichsarbeitsdienst unbewußt vorauseifernd, um den bedrohten Bauern zu Hilfe zu eilen. Eine Bitte ihrerseits konnte allerdings nicht vorgewiesen werden. Selbst ist der Mann. Also alles nur fadenscheinige Ausflüchte. Ein jeder der Delinquenten hatte der Reihe nach aufzustehen, eine Erklärung für sein unbotmäßiges Verhalten abzugeben, zu bereuen, zu geloben … Hochnotpeinliches Abtoffeln en detail und in corpore. Mit dem Ausdruck größtmöglicher Bestimmtheit, mit einer, die an den tatsächlichen Vorgang sehr nahe herankommt, wage ich zu versichern, daß eine wortreiche Verurteilung unseres eigenmächtigen Feldzuges stattfand. Wir gingen in Sack und Asche. Hätten wir gehen müssen.

Der aufgeflammte Widersatz hatte neue Nahrung bekommen und sich nun erst recht in unseren Köpfen festgehakt. Um der Reformande möglichst glimpflich zu entkommen, sich lieber als Unschuld vom Lande ausgeben. Scheinheilig zu tun, als ob Zweckes Vorhaltungen, die in wüsten Verteufelungen gipfelten, gefruchtet und wir den Ernst der Lage durchaus begriffen hätten.

An dem Abend, die Dunkelheit war eben angebrochen, müssen die Sünder allesamt schwache Blasen gehabt haben. Somit gezwungen, die dick ausgeteerte Rinne im Souterrain zu frequentieren, aus der es in den acht Jahren, von denen ich zu berichten weiß, gleichbleibend infernalisch gestunken hat. Das Abortfenster mußte geöffnet werden. Eine Öffnung, die sich wunderbar zum Aussteigen anbot. Hinaus auf den Schulhof. An diesem Abend, an dem unsere Mißstimmung, unsere Ablehnung Zweckes und seiner Pimpferei kulminierten, machten alle ideologischen Feldfrüchte von der Möglichkeit des heimlichen Ausstiegs in die Dunkelheit Gebrauch. Kurz, wir verschwanden wie Schmidts Katze. Die Mäusefeinde wiederum en bloc. Unter Anführung von Heini aus dem Armenhaus verkrochen wir uns in einer geräumigen Hütte, wie sie seinerzeit von vielen Jungen gebaut wurden. Die Aufsässigkeit hatte sich ein Versteck gesucht. Sie gab zu verstehen, daß sie durch keine noch so drakonische Verdammung mehr zu dämpfen war. Da muß wohl vielleicht doch etwas vom Zeitgeist mit all seinem Kriegsüberdruß und seinen Ermüdungserscheinungen durchgeschlagen sein auf unserem, dem Zeitgeschmack ansonsten hinterherhinkenden Dörfern. Tief versteckt im Dresdner Hinterland.

Während einige der älteren Pimpfe bereits in Wehrertüchtigungslager abkommandiert wurden, wo es noch
wesentlich härter zugegangen sein soll als unter dem
Schnauzkommando von Zwecke, blieb mir dies erspart.
Daß Zwecke mit einer derart renitenten Jungenschaft
beim Fähnlein wenig Ehre einzulegen vermochte, beküm-
merte uns nicht im geringsten. Eher erfüllte es uns mit Ge-
nugtuung und Stolz. Wenn Zwecke gar nicht weiter-
wußte, wiederholte er voller Hohn und Verachtung:
»Sauhaufen bleibt Sauhaufen.« Es war und blieb immerhin der seine.

Im letzten Kriegswinter und gar erst im darauffolgenden Frühjahr bekam unsere Jungenschaft Woche um
Woche neue Zuzügler. Jungen aus Niederschlesien, deren
Eltern mit Pferdegespannen angekommen waren, nicht
mehr weiterziehen wollten oder konnten im großen Treck,
der kein Ende nahm. Nun waren sie den alteingesessenen
Bauern als Landarbeiter mit Pferden willkommen. Anders verhielt es sich mit den Jungen, die aus Ostpreußen
kamen. Teils aus Tilsit, teils aus Königsberg. Aber auch
Insterburger waren darunter. Sie hatten schon schanzen
müssen und uns somit einiges voraus an Lebens- und
Fronterfahrung. Ihr Selbstbewußtsein stach von dem uns-
rigen so stark ab, daß wir sie allesamt für Angeber hielten.
Das war halt eine Sache der Perspektive. Zwei kinderrei-
che Familien gaben nun den Ton an. Runkel die eine,
Krippenstiel die andere. Ein Reizwort, das nichts anderes
zuließ, als Krippenspiel daraus zu machen. Stammvater
Runkel, der zurückbleiben hatte müssen, soll ein Mann in
Amt und Würden gewesen sein. Innerhalb der Partei. Ein

ziemlich hohes Tier, wurde gemunkelt. Seine auf die Hitlerjugend eingeschworenen Söhne lebten ganz auf den Endsieg zu und verbreiteten den dafür erforderlichen Kampfgeist, der uns Eingesessenen, die wir nur auf der Stelle traten, abging. An einem der letzten Apriltage des Jahres 1945 hatte uns Zwecke turnusgemäß zum Pimpf-dienst beordert. Daß es der letzte sein würde, hatten wir damals wohl alle nicht vermutet. Ein neuer Jahrgang war aufgeboten. Für ihn war der erste Dienst zugleich der letzte. Die Ereignisse begannen sich zu überschlagen. Un-ordnung und Chaos griffen vor. Und sie langten auch nach uns Pimpfen. Die Kleiderordnung ließ sich nicht mehr einhalten. Die wenigsten Flüchtlingsfamilien hatten die Pimpfuniformen mitgebracht. Ersatz war nicht mehr zu beschaffen. So glitt der buntgescheckte Aufzug vol-lends ins unfreiwillig Lächerliche ab. Zweckes ver-meintlicher Sauhaufen nahm sich nun rein äußerlich so aus. Was da an Zehnjährigen »ins Glied« eingetreten war, sprach jeder vormilitärischen Ordnung Hohn. Da Schuhe Mangelware geworden waren, erschien ein Teil der Flüchtlingskinder in Holzpantoffeln. Die seltsamsten Gewänder präsentierten sich, als sei ein verspäteter Fa-schingsumzug angesagt gewesen.

Gesprächsweise hatte Zwecke seinen Schützlingen, vor denen er so leidenschaftlich brüllte, von seinem großen Kummer wissen lassen. Mit seinen fünfzehn Jahren war er ein Jahr zu jung, um Soldat werden zu können. Zu jener Zeit wurde bereits zwischen Großenhain und Meißen gekämpft. Christian Bancke zum Beispiel, Schüler des Meißner Gymnasiums und dem Jahrgang 1930 angehörig wie Zwecke, war von einem Wehrertüchtigungslager gleich in eine Einheit der Kampf-HJ geschickt worden. Zwecke war als unser Vorgesetzter und Ausbilder unabkömmlich. Er blieb im Schuhmacherhaus. Noch einmal ließ er uns antreten an der Sachsdorfer Saubachbrücke. Dann hieß es marschieren. Den Berg hinauf Richtung Schäferei. Frisch auf drum! Frisch auf drum! Die Holzpantoffeln klapperten vernehmlich. Zwecke hieß uns singen. Bestes deutsches Liedgut. Es schien ob seiner Blutrünstigkeit aus Julius Streichers »Stürmer« zu stammen, wie ich zu rekonstruieren wage. Fetzen davon hallen mir noch im Ohr nach als ein Echo, das sich endlos bricht und wiederholt. Zum einen wurde »Hochgenosse Stalin« an einen Laternenpfahl gewünscht. Verwünschungen in Form von modernen Zaubersprüchen. Stalins Truppen rückten mit jedem Tag ein Stück näher an unser Dorf heran. Zum andern wurde uns eingehämmert: »Blut muß fließen, Blut muß fließen!« Da konnte ich Vorstellungen entwickeln. Das war meine Sache nicht. Wenn zu Hause ein Tier geschlachtet wurde und ich Blut fließen sah, wurde mir regelmäßig speiübel, und ich ergriff die Flucht. Laut weinend bin ich einmal, bevor ich ins Jungvolk einrücken mußte, in die an unser Haus grenzenden Felder gelaufen, als ein Ziegenböckchen abgestochen werden sollte. Heute kommt mir der Frühlingszug den Berg hinauf, der sich in Luft aufgelöst haben muß, in seiner aberwitzigen Lächerlichkeit ebenso gespenstisch wie saublöd vor. Aber ich bin wie die anderen auch mitgezogen und habe gegrölt, was mir abverlangt wurde. Die Erinnerung läßt sich in diesem Punkte nichts vormachen. Es war so und nicht anders. So hirnverbrannt ist es gewesen, denke ich viel später. Wie ein Spuk ist das Pimpfjahr zu Ende gegangen. Aber so einer bin auch ich gewesen als minderjähriger Mitläufer und Sängerknabe. So viele ausgeblaßte Stellen es in dem zu jener Zeit abgelaufenen Film »Das frühe Leben« gibt, dieser doch wohl aus einem Panoptikum entlaufene Sauhaufen-Aufzug ist sehr gut belichtet. Ich unter den Nachrückern in Holzpantoffeln und Ersatzschuhen mit dicker Holzsohle.

In Holzschuhen mußte ich in den ersten Nachkriegswintern dann auch zur Schule laufen. Mit etwas Brennholz unterm Arm. So erwarb man sich ein Anrecht, in der Nähe des eisernen Öfchens sitzen zu dürfen. Die Wärme ließ den Schnee, der sich hartnäckig an den Holzsohlen ballte, abschmelzen. Wie saß man dann da? Unter sich eine Pfütze, die von eigener Notdurft nicht zu unterscheiden war.

Als die Tilsiter und Königsberger mit den im Dorf verbliebenen älteren Männern Panzersperren bauten, hatte die Mutter von Werner Puschke, eine unauffällige liebenswürdige Frau, die sich harmonisch ins Personenpuzzle der Dorfgemeinschaft einfügte, in weitsichtiger Mutterliebe ihrem Einzigen einen Fahrradunfall verordnet, der eine schwere Kopfverletzung zur Folge gehabt hatte. Zweckes Kopf steckte daraufhin in einem dicken Verband, der an einer Stelle sogar durchgeblutet war. Das sah heldenhaft aus und war das Schutzschild, das Zwecke vom Gebrauch der Panzerfaust befreien und davor bewahren sollte, unser Dorf zu verteidigen gegen die anrollende Walze. So wie es die Runkelrüben Königsberger

Provenienz und die Krippenstiels in ihrem großspreche‐
rischen Wahnwitz vorgehabt hatten.

Ein russischer Feldscher, der im Hof des Bauern Som‐
merlatte ein provisorisches Ambulatorium mittels einiger
requirierter Küchenstühle aufgeschlagen hatte, bekam
einen sehr jungen Verwundeten in Zivil zugeführt. Nicht
ganz freiwillig, wie späterhin zu erfahren. Zwei Soldaten
der Siegerarmee brachten ihn angeschleppt. In der Ab‐
sicht, ihm zu helfen. Zwecke wußte vermutlich gar nicht,
wie ihm geschah und wohin er abgeführt wurde. Dies ge‐
schah zu dem Zeitpunkt, als in drei Kilometern Entfer‐
nung die letzte Panzerschlacht des Zweiten Weltkrieges
noch voll im Gange war. Der Feldscher entlarvte den
Kopfverband als Attrappe. Er begriff sehr rasch, was da
einer gespielt und erfolgreich vorgetäuscht hatte. Nicht
wissen konnte er freilich, daß ein Befehl der Mutter dieser
Verkleidung zugrunde lag. Der Feldscher lachte. Noch
lange über diesen Verwundeten lachend, rief er ihm zu
und nach: »Du gutt! Du gutt!« Zwecke lief laut schreiend
davon. So wie mein Freund und Nachbar, der Weiden‐
kletterer, mit dem ich soviel Staub aufgewirbelt hatte.
Doch wie lange war das schon wieder her? Eine Ewigkeit!
Nur verkniff sich Zwecke den Ausruf »Das sag ich meiner
Mutter! Das sag ich meiner Mutter!« Die wußte ja bereits
alles. Aber ihr Werner, unsere nicht sonderlich ge‐
liebte Zwecke, war heil geblieben, wenn auch nur knapp.
Am erhofften und lauthals prophezeiten Endsieg seiner
Freunde aus Königsberg und Tilsit vorbeigeschlittert.
Trotz Kriegsbegeisterung oder gerade weil. Wer will das
so genau wissen? Dank einer von Mutterliebe inspirierten

Reklamation, die durchaus noch als Desertion hätte behandelt und geahndet werden können, wenn der Rückzug nicht mit solcher Vehemenz vom Gegner forciert worden wäre.

In den folgenden Jahren besann sich Werner Puschke, als er sich von dem Schreck und der Blamage erholt hatte, wieder seiner Erfahrungen als Ausbilder. Nachdem er sich zunächst auf dem Fußballfeld getummelt hatte und dabei wegen seiner exzellenten Kopfbälle fast ein Star geworden wäre, folgte er einem dringlichen Aufruf, in dem Polizisten gesucht wurden. Er konnte unter Beweis stellen, wie sehr er für diesen Beruf geeignet war. Rasch erklomm er die Leiter, auf der man nur hochzusteigen brauchte, Sprosse für Sprosse, um Karriere zu machen. Er avancierte zum Offizier und Ausbilder von Volkspolizisten. So konnte er sich seinen Lebenstraum doch noch erfüllen. Wenn auch ganz anders, mit anderen Vorzeichen, sprich Emblemen an der Uniform, wenn auch unter ganz anderen Parolen, wie er sie vormals ausgegeben hatte, als er uns schikanierte. Die Sache, um die es ihm ging, war geblieben.

Während ich für meinen Teil, der etwas anders disponiert war, das unverschämte Glück hatte, mich immer dann erfolgreich drücken zu können, wenn das Vaterland Beweise meiner Wehrhaftigkeit einzufordern trachtete.

Die Linien des Lebens sind verschieden. Das sei die blanke Blasphemie, hör ich mir entgegnen. Ich muß doch sehr bitten. Kein bißchen. Dafür leg ich meine Hand ins Feuer.

Die Nacht im Rübenkeller

Zahlreichen Dorfbewohnern schien die abseits gele-
gene Lindenmühle ein sicherer Zufluchtsort, als der
Geschützdonner immer näher rückte und das unaufhör-
liche dumpfe Grollen bedrohlich zunahm. Eine größere
Sicherheit mögen manche zusätzlich auch in der Men-
schen-Menge gesehen haben. Schloß eine solche Ansamm-
lung doch die Möglichkeit ein aneinanderzurücken, sich
gewissermaßen en bloc einzuigeln; sei es nur in Gedanken.
Ein fast animalischer Reflex. Es könnte so gewesen sein.

Ob sich die Leute sonst sympathisch waren oder nicht,
das spielte auf einmal keine Rolle mehr. In dieser unge-
wöhnlichen, unheildrohenden Situation rückten sie zusammen und verbanden sich zu einem Knaul. Jeder hatte
gewiß andere, ganz besondere Gründe, in die Mühle zu
gehen, die außerhalb des Dorfes lag in einem Talkessel.
Auf die individuellen Zufälligkeiten kam es jetzt gar nicht
mehr an. Die Geschichte sprach zu den Leuten unmittel-
bar ins Ohr, aus einem ihrer Mundlöcher, mit laut ver-
nehmbarer Stimme, klar und überdeutlich, und dazu mit
drohender Gebärde, daß sie eingeschüchtert den Kopf
einzogen und wie gelähmt auf der Stelle hockten, gleich
dem Kaninchen, das gebannt auf die Schlange starrt.

Wenn es Betroffenheit über den Ausgang der zwölf
Jahre unter oder mit Hitler gab, dann bestimmt erst später,
nicht an jener Stelle, nicht zu jenem Zeitpunkt, der keinen

Raum für Besinnung ließ. So jedenfalls ging es in dem Keller zu, der hier in Rede steht.

Das langgestreckte Kellergewölbe unter den Stallungen, ein unterirdisches Kirchenschiff, gewährte den bestmöglichen Schutz vor dem zu befürchtenden Beschuß der Ortschaft. Unser Haus auf dem Berge, weithin sichtbar, bot sich als Zielscheibe für die Geschosse aus den langen Panzerrohren gerade an. Den Keller, ein enges Loch unterm Hausflur, ohne massive Decke, nur teilweise ausgemauert, hatte ein Feldwebel während einer kurzen Rast auf der Flucht teilnahmsvoll begutachtet und als Schutzraum verworfen. Er riet Mutter ab, in dieses Mauseloch zu kriechen. Die Fensterbahn war zu steil und zu eng, als daß sich ein Erwachsener hätte hindurchzwängen können. Die Einstiegsluke, eine bretterne Falltür unter der Treppe, hätten wir hinter uns herunterklappen müssen. Die Falle wäre perfekt gewesen. Mir gab der Feldwebel allen Ernstes und in väterlich-lehrhafter Manier ein Privatissimum über den Umgang mit Eierhandgranaten, die ich herrenlos herumliegen gesehen hatte. Gegenstände von einer verführerischen Handlichkeit, dazu noch blau gestrichen. So recht geeignet, um in Hosentaschen oder Brotbeuteln verstaut zu werden, was auch reichlich praktiziert wurde, wie ich immer wieder beobachtet hatte. Zu dem fachlich fundierten Gespräch hatte ich den Feldwebel mit meinen Fragen nach Verwendung, Bedienung, Reichweite und Sprengkraft herausgefordert. Aus kurzer Entfernung auf Mann geworfen — absolut lebensgefährlich! Einem großen Baum hingegen könne sie kaum etwas anhaben. Da wußte ich also Bescheid. Seine bildhaften Ausführungen, die er mit den entsprechenden Armbewegungen gestisch untermauerte, beeindruckten mich so, daß sie sich unver‐ lierbar einprägten, im Gegensatz zu den Lehrstunden beim Pimpf‐»Dienst«, während der wir Zehn‐ bis Vier‐ zehnjährigen über Maschinengewehr‐ und Karabiner‐ fabrikate aufgeklärt wurden. Die Bestandteile des MG 34 waren von einer Lehrstunde zur anderen auswendig zu lernen.

Bei Einbruch der Dunkelheit zogen wir zu sechst, Mut‐ ter, meine vier jüngeren Geschwister und ich, auf dem Wiesenpfad, der unser Haus mit der Mühle verband, in das Nachtasyl. Im Gänsemarsch am Gartenzaun entlang und dann den Kirschberg hinunter, auf dem einer meiner Brüder mit einem Freund unter einem Brombeerverhau einen Bunker gegraben hatte, nur so zum Spielen. Es wur‐ den damals merkwürdige Spiele gespielt. Einer aus der Nachbarschaft, zwei Jahre älter als ich, hatte sich im Vor‐ garten sein eigenes Grab geschaufelt, probeweise. In mei‐ nem reichlich quadratmetergroßen Kinder‐Garten hatte ich ganz ernsthaft Schmuckvergraben nachgeahmt. In ein Holzkästchen packte ich einige meiner wertvollen Hab‐ seligkeiten: Plexiglassplitter von der Kanzel eines bei einem Gewitter explodierten Flugzeuges, Zigarettenbil‐ der, auch irgendwelche Aufzeichnungen, an deren Inhalt ich mich leider nicht mehr entsinne. Was mögen die Aus‐ gräber gedacht haben? Vielleicht fühlten sie sich bei den merkwürdigen Schmuck‐Funden auf den Arm genom‐ men. An jenem Abend trug ich meinen Rindslederran‐ zen. Anstelle der Schulbücher und ‐hefte hatte Mutter Pullover, Strümpfe und Wäsche hineingestopft. Am an‐

deren Morgen war der Ranzen samt Inhalt verschwun‚
den, und er blieb es bis auf den heutigen Tag.

Der Müller, ein jovialer, ewig mehlbestäubter Arbeiter
im Weinberge des Herrn, unter dessen Regentschaft
Mühle, Bäckerei und Landwirtschaft florierten, war
seit drei Jahren tot. Als der Sarg im offenen Leichen‚
wagen davonrollte, sang der Chor »Im schönsten Wiesen‚
grunde ...« Der Text von Wilhelm Ganzhorn hätte eigens
für diesen Anlaß geschrieben worden sein können. Ich saß
oben am Hange über der Mühle und hörte ergriffen zu.
Die Melodie verfing sich im Ohr und blieb für mich fort‚
an an diesen Leichenzug gebunden. Das Ereignis war in
eine Stimmung trauriger Erhabenheit getaucht. Das Müh‚
lengehöft blieb davon ummantelt. Als ich mit der Trauer‚
karte in die Mühle geschickt wurde und kondolierte,
wurde ich gefragt, ob ich den Toten noch einmal sehen
wolle. Ich verneinte, da ich mich vor dieser Begegnung
fürchtete, und ging bedrückt davon. In der Zwischenzeit
waren in Jahresabständen die beiden Söhne gefallen. 1943
der ältere, der als leichtlebiger Spaßvogel und hilfsbereiter
Allerweltskerl im Dorf von sich reden gemacht hatte,
1944 der jüngere, als Grenadier an der Ostfront. Müller
der eine, Bäcker der andere. Die Erbfolge zweckmäßig ge‚
regelt. Erst vor wenigen Tagen hatte eine kriegsverwitwete
Tochter das Erbe angetreten. Um das Pferd und die bei‚
den kraftstrotzenden Jungochsen, noch ungebändigt, halb
verwildert, die sich keiner einzuspannen traute, mußte
sich Stanislaus kümmern, ein kriegsgefangener Pole, um
die Zwanzig. Ein weitläufiger Verwandter städtischer
Herkunft, dessen Nase auf Rotweinkennerschaft deuten

sollte, wie die Leute sagten, und der für jedermann schlichtweg nur Onkel hieß, verbrachte hier seinen Lebensabend. Das Faktotum der Mühle war ein passionierter Kartoffelschäler. Onkel schälte in Permanenz bis zum letzten Atemzug. Und sollte er nicht auch jene Nacht über einem Zinkasch voller Kartoffeln verbracht haben? Jedesmal, wenn man auf den Hof kam – und in meinem Falle geschah dies fast jeden Tag, den Gott werden ließ –, saß er am Mühlgraben, der dicht am Wohnhaus vorbeifloß, über einen Berg Kartoffeln gebückt, und schälte unverdrossen. Mit stoischem Gleichmut, der eine geheime Leidenschaft verdeckt haben mag, oblag er seiner Haushaltsarbeit. Er machte sich nützlich, ließ seine Lebensuhr ablaufen, Kartoffel um Kartoffel. An der Feldarbeit beteiligte er sich nie, die Landwirtschaft hielt er sich strikt vom Leibe. Und dies wurde toleriert. Saß er im Hof, konnte man sicher sein, das Leben in der Mühle ging die gewohnte Bahn. Selten sagte er ein Wort. Sein Gruß hatte sich auf ein leichtes Kopfnicken reduziert. Nur einmal sah ich, wie der Zorn in ihm aufwallte. Eine seiner noch nicht abgetretenen Holzpantinen war infolge einer kleinen Unachtsamkeit ins Wasser gerutscht. Ehe er danach greifen konnte, war sie davongeschwommen und über das Mühlrad hinabgepoltert. Verdutzt schaute er dem Malheur eine Schrecksekunde lang hinterher, dann riß er den zweiten Pantoffel vom Fuß und warf ihn mit ausdrucksvoller Wucht wütend hinterdrein. »Ach, verdammt noch mal, du einer Latsch, was soll ich mit dir! Fahr hin! Fort mit Schaden!«

Unter der großen Linde im Garten, die auf fünfhun-

dert Jahre geschätzt wurde und die sich mit ihrer stattlichen Krone hoch über das Dächerkarree hinausschob,
hatte ich oft gesessen und Kaffee getrunken. Die unteren
Äste ruhten weitverzweigt auf einem Pfostengeländer,
sommers ein schattiges Laubendach bildend. Dort hatte
ich den Gesprächen der Erwachsenen zugehört und dem
beruhigenden Rauschen des Wassers und dem gleich-
mäßigen Geratter, das aus der Mühle herüberdrang.

Hier kannte ich alle Felder und Wiesen ringsum. Hatte
zuweilen den Vesperkorb hinaustragen dürfen, war mit
auf dem Heuboden herumgekrochen bis unter die Hahne-
bänder, wenn die hochbeladenen Fuder über die Balken-
fahrt polterten, um beim Eintreten, beim »Dämmern«,
wie wir sagten, zu helfen. Mit einem anderen, älteren Jungen trieb ich im Herbst die Kühe auf die mit Apfelbäu-
men bestandenen Wiesenhänge und half hüten. Trist war
diese Beschäftigung nur, wenn man sie allein verrichten
mußte. Dann vergingen die Nachmittage nicht. Kam ein
Fußgänger des Weges, wurde er flehentlich um die Uhr-
zeit angebettelt.

In jeder Stallung war ich herumgekrochen. Was gab es
nicht alles zu entdecken! Spreu- und Schirrkammern. Ge-
heimnisvolle Bereiche in einem ewigen Halbdunkel, von
deren stickiger Stille und verstaubter Dingfülle eine magische Anziehungskraft ausging. Jeder Winkel des Gehöfts
war vertraut bis auf das neben dem Schweinestall gele-
gene, nur einfachsten Ansprüchen genügende doppelsit-
zige Etablissement, Zeugnis ländlicher Zimmermanns-
kunst. Das den Hof umgebende Gelände war nicht
minder Teil des Auslaufs, in dem ich mich frei und sicher

bewegte wie in einer zusätzlichen Haut, ohne daß mich jemand daran hinderte und dabei störte.

Der Keller, in seiner vielgliedrigen Länge ein ganzes Stück über das Scheunengebäude hinausreichend, weit in die Wiese hinein, war an diesem Abend mit Menschen nahezu vollgestopft. In einem gespenstischen Halbdunkel hockten sie: truppweise aneinandergedrängt, in Decken gehüllt, zu Bündeln vermummt, auf den erdenklichsten Sitzgelegenheiten, die aufzutreiben gewesen waren. Gleich neben der Stalltür führte eine ausgetretene Feldsteintreppe hinunter in die Katakomben. Es roch nach Kartoffelmuff und Rübenmoder. Von den Feldfrüchten lagen noch schäbige, halbverdorbene Häuflein in den Winkeln. Unansehnlich, unappetitlich, wie Futterkeller im Mai auszusehen und zu riechen pflegen. Gleich am Eingang hielt sich Stanislaus zur Verfügung. Jedoch nicht mehr als Knecht, wie bislang und wie er es auch in dieser Nacht gesollt hätte. Er nahm keine Befehle mehr entgegen. Seine Gefangenschaft betrachtete er als beendet. Wir wurden in den hintersten Winkel verwiesen, in die Rübengruft, tief unter der Erde gelegen. Hoch oben an der Feldsteinwand in Deckennähe zwei, drei schmale Fensterchen, einfach in die Wiese eingelassen, wie ich es sonst nirgendwo wieder gesehen habe. Dort verbrachte ich die Nacht auf einem Korbstuhl. Keine Spur von Erinnerung, wie Mutter und die Geschwister neben mir untergebracht waren.

Die sich überstürzenden und ineinander verschachtelnden Ereignisse des Tages, das Stimmengemurmel der Verängsteten im Keller und die stickige Luft ließen mich

nicht schlafen. Es war eine Nacht voller unheimlicher Geräusche. Ab und zu schlich jemand an den Fenstern vorüber, was die überdehnte Spannung auch nicht eben verringerte. Der Krieg rumorte noch im verborgensten
Winkel. Dumpfes Knirschen und Malmen. Die Geräusche verzahnten sich, schwanden nicht mehr, hielten stundenlang an. Später wurde erzählt, das seien die heranrol-
lenden Panzereinheiten der Roten Armee gewesen, die die
Hals über Kopf flüchtenden deutschen Truppen vor sich
her trieben. Das gleichmäßige Rasseln der Panzerketten
drang als ein unheimlicher Chorus in den Keller, mit Un-
schärfen und Verwischungen. Ich entsinne mich nicht, in
dieser Zeit Schüsse gehört zu haben. In unserer Umgebung tuschelte eine Gruppe. In ihr gaben junge Frauen
aus Tilsit den Ton an. Sie spannen das Abenteuer ihrer
Flucht aus, zählten auf, was ihnen unterwegs widerfahren
war, was sie im Stich gelassen hatten. Das eigentümliche,
ungewohnte Idiom reizte zum Hinhören. Und erst recht
in einer derart spannungsgeladenen Nacht, als die Ohren
das Wahrnehmungsvermögen bis zu einer außerirdischen
Hellhörigkeit zu steigern vermochten. Vielleicht redeten
die Frauen nur, um die lähmende Spannung zu verscheuchen, die in der Luft lag und eine dumpfe Beklommenheit
verbreitete.

Dicht an dicht lagerten, kauerten, hockten die Menschen übermüdet in dem Keller wie eine gepferchte Schafherde. Verpuppt und schemenhaft. Eine düstere Szenerie
im Zeichen der Passivität und des Fatalismus: Komme,
was da kommen mag. Die Gesichter, ausgenommen das
von Stanislaus, mehr schicksalsergeben als hoffnungsfroh.

Jeder für sich unter seiner Umhüllung von einer großen Ungewißheit gepackt. Einerseits froh, daß der Krieg endlich zu Ende ging, andererseits voller Sorge und Bange der Zukunft entgegensehend. Von der man recht undeutliche Vorstellungen hatte, wenn überhaupt. Alle von dem Wunsch erfüllt, dem Schlamassel mit heiler Haut zu entkommen. In ruhigere Zeiten hinüber.

Ich kann mir nicht denken, daß in dieser wahrhaft atemberaubenden Atmosphäre auch nur einer geschlafen haben könnte. Vermutungen, Gerüchte über den Stand der Dinge, über die Lage der Nation überschlugen sich, pflanzten sich fort von Mund zu Ohr, drangen schließlich bis zu unserer Gruppe in dem hintersten Winkel. Mir kam es vor, als würde diese Nacht niemals zu Ende gehen. Irgend etwas Unbekanntes griff an die Kehle. War es die Dunkelheit? Die ungewöhnliche Umgebung? Die Gerüche der Rübengruft? Die Ereignisse des Tages? Alles in allem: der Zusammenbruch, wie zu sehen, zu hören, zu riechen. Vielleicht aber war es die momentane Begriffslosigkeit für das, was sich vor meinen Augen vollzog. Die Erlebnisse mengten sich und erzeugten nackte Angst. Die Bilder rutschten durcheinander, wirbelten auf wie in der Papphülse, Kaleidoskop genannt. Das Gehirn kam nicht zur Ruhe. Das Tohuwabohu der letzten Kriegstage überstieg das Fassungsvermögen des Zehnjährigen.

Der gemächliche dörfliche Ablauf, den die Ochsenfuhrwerke des Rittergutes bestimmt hatten, war außer Kontrolle geraten. An die Stelle des gewohnten, langsam dahinfließenden Nebeneinander war ein wüstes, wildes Durcheinander getreten. Nein, nicht »getreten« – wie eine

Lavamasse kam es herangequollen, jede Ritze füllend, nicht aufzuhalten. Ohne Anfang, ohne Ende, uferlos, unübersehbar, alles unter sich begrabend.

Ich stand auf der Böschung am Kirchweg, der durch eine Hohle führte. Etwa fünfhundert Meter von meinem Standpunkt entfernt wälzten sich Kraftfahrzeuge aller Art, Gespanne, Reiter, Soldaten zu Fuß und zu Rad in einer endlosen Kolonne. Alle Waffengattungen und Heeresformationen schienen sich ineinander verknäult zu haben. Eine geschlagene Armee in wilder Flucht. Die Straßenränder übersät mit weggeworfenen Tornistern, Gasmasken, Feldspaten, Seitengewehren und zahlreichen anderen Ausrüstungsgegenständen. Defekte Fahrzeuge blieben als unnützer Ballast zurück, darunter Lastkraftwagen, mit Granaten beladen. Noch Wochen danach standen sie samt Fracht herum. Der Untergang des Reiches – von seinen Machthabern großsprecherisch mit dem Adjektiv *tausendjährig* versehen – war in seine letzte Phase getreten, die rasant vor meinen Augen abrollte. Ein monumentales Panorama, das der immer deutlicher zu hörende Geschützdonner unablässig in Bewegung hielt.

Dort drüben am Schenkberg, den sie hinunterzogen, hatte vor wenigen Tagen ein alter Bauer prophezeit, als er einem Häusler den Kartoffelacker bestellte: »In acht Tagen sind die Russen da.« So lange dauerte es dann nicht mal mehr. Ich hörte es staunend und weiß noch heute die Stelle zu bestimmen, an der dieser Satz so gelassen und selbstverständlich dahingesagt wurde wie etwa: Heute mittag gibt es Pellkartoffeln. Es gehörte nicht viel Weitblick dazu, solche Behauptungen von sich zu geben. Mir aber kam diese Äußerung höchst spanisch vor. Sonst hätte ich sie bestimmt nicht im Gedächtnis behalten. Was der orakelnde Bauer meinte, konnte ich mir nicht recht vorstellen. Erst später verstand ich all diese grellen Bilder und vorausschauenden Bemerkungen aus der Erinnerung heraufzuziehen und einigermaßen zu ordnen, so daß sich daraus ein sinnvoller Ablauf ergab, der sich in historische Zusammenhänge einordnen ließ. In jenen Maitagen des Jahres 1945 war ich weit davon entfernt, das Geschehen als Ganzes zu erfassen. Das Auge speicherte eine Überfülle einzelner Bilder, ohne sie verarbeiten zu können. Dennoch wählte es aus. Denn es gibt neben scharf belichteten Stellen schwarze Flächen. Der Erinnerungsfilm gar nicht oder nicht richtig belichtet, gerissen oder sonstwie defekt. Ein irreparabler Schaden.

An dem Nachmittag, als ich diese Bilder aufnahm, hoben Soldaten auf dem Kartoffelacker hinter unserem Haus Schützenlöcher aus. Die Kartoffelzeilen, die sie mit ihren Feldspaten zerstachen, waren erst vor Tagen gezogen worden. Ein Offizier, mit einem Scherenfernrohr behangen, sondierte das Gelände am Dorfrand und gab den Soldaten, die ihn umstanden, Anweisungen. Vor den Löchern wuchsen die Lehmhaufen. Brusttief sollten sie werden. Wir Kinder aus dem Häuslerwinkel sahen den schanzenden Soldaten bei ihrer Arbeit zu und hörten, wie der Offizier erklärte, er werde sich an den beiden Eßkastanien im Krautgarten postieren und von dort aus die Abwehr leiten. Die meterhohe Feldsteinmauer, die wir an einigen Stellen zerstört hatten, zog eine deutliche Grenze zwi-

schen dem Dorf und den Feldern des Rittergutes. Ich be´
griff nicht, daß die Front bis an unser Haus vorzurücken
drohte. In meiner Vorstellung konnte es sich nur um eine
Art Übung handeln, wie ich deren schon so viele erlebt
hatte in den letzten Jahren, als begeisterter Zuschauer und
Mitläufer. Heute scheint mir das unglaubhaft angesichts
der vielen überdeutlichen Zeichen des Untergangs rings´
umher. Ich weiß aber genau, daß es sich damals in
meinem Kopf so und nicht anders darstellte. Hinterher
möchte man gern verständiger gewesen sein, und erst
recht an einer so einschneidenden Stelle der Geschichte,
an der die Ränder zweier Epochen aufeinanderkrachen
wie Eisberge, von denen einer zerschellt. Die Konsequen´
zen, die eine Verteidigung des Dorfes haben würde, sah
ich ebensowenig ab. Das ging für mich über alle Vorstel´
lungskraft hinaus. So vergegenwärtigte ich mir auch
nicht, daß in diese Löcher Soldaten steigen sollten, um die
sowjetischen Panzer aufzuhalten. In welche Gefahr unser
Haus damals gebracht wurde, hätte man es wirklich noch
in die Verteidigungsstellung einbezogen, wie von den
Endsiegstrategen beabsichtigt, dämmerte mir erst wesent´
lich später. Sonst hätte ich nicht so teilnahmsvoll beim
Schachten der Gräben zugesehen.

Zum Glück räumten die Soldaten das Feld in der
Nacht, ehe die Rote Armee eintraf. Sie müssen sich zuletzt
dann doch noch in den wilden Flüchtlingsstrom einge´
reiht haben, in dem einer den anderen im Geschwind´
schritt auszustechen versuchte. Das Dorf blieb unzerstört.
Ehe die Schützenlöcher einen Monat später wieder zuge´
schaufelt wurden, warfen wir herumliegende Panzerfäu´

ste, defekte Gewehre und anderes demoliertes Kriegsgerät, für das niemand mehr Verwendung hatte, kurzerhand hinein. Tief genug, damit kein Pflug daran hängen blieb. Melde und Franzosenkraut hatten den Schlag inzwischen so hoch verunkrautet, daß die Kartoffeln nur ein Schattendasein führten. Die Ernte war dann kümmerlich genug. Im Jahr darauf, nach der Bodenreform, ging dieses sechzig Ar große Stück Rittergutsland, das in grauen Vorzeiten möglicherweise schon einmal zum Haus gehört hatte, in unseren Besitz über.

Während wir an dem letzten, so ereignisreichen Mainachmittag vor dem Zusammenbruch des Dritten Reiches unter einem alten Apfelbaum standen, von wo aus wir das Treiben der Soldaten auf dem Acker ebenso im Blickfeld hatten wie das chaotische Gewühl auf der Straße drüben, gesellte sich zu uns Kiebitzen ein versprengter Kriegsteilnehmer in einem völlig unmilitärischen Aufzug. Von den Strapazen des Rückzugs gezeichnet, ziemlich herunter, sehe ich ihn plötzlich vor uns stehen, als wäre er unseresgleichen. Ein fünfzehnjähriger Hitlerjunge, der sich als Meldegänger die Hacken abgelaufen hatte. Seine rutschenden Hosen hielt ein Bindfaden recht und schlecht. Flehentlich bat er um Hosenträger. Doch keiner von uns besaß eine Dublette. Wir konnten dem bestaunten Krieger, der nur wenig älter war als wir selbst, nicht aus der Not helfen, so leid uns der wundgelaufene Heros in seinem armseligen Aufzuge auch tat. Der Geschützdonner im Hintergrund untermalte die denkwürdige Unterredung. Als hinge der Endsieg von einem Paar lumpigen Hosenträgern ab!

Jungen wie er hatten vorgehabt, unser Dorf zu verteidigen, mit Panzerfäusten, die herumlagen, als wären sie jedermann zur freien Verwendung anheimgegeben. Ich weiß nicht mehr, warum sie davon abkamen, ob ein paar Vernünftige sie davon abbrachten. Vielleicht lag es auch nur daran, daß sie in der Eile gar nicht mehr dazu kamen, die Köpfe der Panzerfäuste abzudrücken. Unser bißchen Dorf wäre im Handumdrehen in Klump gehauen worden.

Aber nicht überall ging der Krieg so aus, nicht überall waren die Soldaten stiftengegangen, wie jene, die hinter unserem Haus noch den Kopf hinhalten sollten. Und nicht überall hatten sich die Volkssturmmänner beim Nahen der Panzer seitwärts in die Büsche geschlagen. In der benachbarten Stadt hielt sich eine SS-Einheit mehrere Tage verschanzt und brachte so den Vormarsch noch einmal partiell zum Stocken. Die Stadt war wahnwitzigerweise zur Festung erklärt worden. Kurz zuvor hatte ein Oberleutnant die Autobahnbrücke vor den Toren der Stadt in die Luft gejagt. Abends halb neun hob uns der Luftdruck aus den Betten. Fensterscheiben gingen zu Bruch. Einige Häuser der Stadt wurden bis auf die Grundmauern ausgebrannt, andere zusammengeschossen. Und wäre *die Festung* nicht doch nach zwei, drei Tagen eingenommen worden, hätten die blindwütigen Taktiker der verbrannten Erde die gesamte Stadt in Schutt und Asche gelegt, so wie die Jugendherberge, das Postamt, eine der Gärtnereien am Bahnhof und die schöne Bäckerei von Paul Hartmann. Jedesmal, wenn wir in den ersten Monaten nach dem Kriege in die Stadt liefen, liefen wir an einigen ausgebrannten Panzern vorüber.

Unschlüssig, fast widerstrebend kroch der neue Tag her-
auf. Keiner aus dem verängsteten Haufen wußte, was in
der Nacht um uns her, über uns passiert war. Der Krieg
hatte die Mühle links liegengelassen. Aber was war im
Dorf passiert? Es wurde beratschlagt und endlich beschlossen, erst einmal einen Späher auszusenden, der sich
im Dorf umsehen sollte. Diesen Erkundungsgang übernahm ein älterer Mann, über sechzig muß er wohl damals
gewesen sein. Noch einmal vergingen Stunden bangen
Wartens. Er kam und kam nicht wieder.

Während ich mit einigen Erwachsenen auf dem Hof
herumlief, tauchten drei deutsche Soldaten auf. Der obli-
gate Leutnant und die zwei Mann. Schicksalsträchtig genug, wie ich heute meine. Uniformiert und bewaffnet. Sie
waren aus dem nahe gelegenen Eichbusch gekommen, wie
es schien, und wollten nun wissen, wie ihre Sache denn so
stünde. Ihre Sache war der Krieg. Sie mußten den An-
schluß verpaßt haben, dachten aber nicht daran, die Waf-
fen wegzuwerfen und aufzugeben, obwohl ihnen das von
den Umstehenden dringend geraten wurde, just an jener
Stelle, an der sonst Onkel seine Kartoffeln zu schälen
pflegte. So unversehens sie aufgetaucht waren, verschwanden sie wieder Richtung Wald. Den auf dem Hof versam-
melten Asylanten der eben vergangenen Nacht, die sie
samt und sonders ungläubig anstarrten, versicherten sie
voller Siegeszuversicht: »Wir kommen wieder!« Und das
klang gar nicht ironisch. Sie müssen aber doch in Schwierigkeiten geraten sein, um ihr Versprechen einlösen zu
können. Das waren die letzten bewaffneten Soldaten der
Hitlerwehrmacht, die ich zu Gesicht bekam.

Endlich kam der Kundschafter heil zurück. Er tat so, als wäre er von einem anderen Stern zurückgekehrt und hätte uns Seltsames zu berichten. Und er ließ es sich nicht nehmen, seinen Erkundungsgang und die Gefahren, die er dabei auszustehen hatte, breit auszumalen. Von den Zuhörern, die neugierig und ergeben an seinen Lippen hingen, als Held des Tages bewundert. Unbemerkt war er bis in die Dorfmitte gelangt. Immer von Weidenstamm zu Weidenstamm den Mühlgraben entlang, dann durch einen Brennesselverhau, um an die Krautgartenmauer zu gelangen, hinter der er nicht zu sehen war. Er wußte, was er den Leuten in der Lindenmühle an diesem Tag war: der erste Augenzeuge einer neuen Zeit. »Die Russen sind im Dorf. An allen Straßenzufahrten stehen Panzer, die Rohre auf das Dorf gerichtet. Punkt Mitternacht sind die letzten deutschen Soldaten, beritten, im gestreckten Galopp zur Schäferei hinauf und drüben wieder hinunter, in wilder Flucht davon. Wenige Minuten später rollten die ersten Panzer zum Schenkberg herein. Nicht ein Schuß ist gefallen. Für uns ist der Krieg aus und vorbei.« Woher er das alles wisse? Und ob er denn selbst einen Russen im Dorf gesehen habe?

Ich weiß nicht mehr, wie ich seine Nachricht aufgenommen habe, ob sich mir damals auch eine Frage aufdrängte. Es wird wohl so gewesen sein: Ich habe das Erzählte als ein abenteuerliches Geschehen registriert, ohne es einordnen und werten zu können. Wenn es Empfindungen gibt, dann allenfalls solche der Angst und Bedrückung vor etwas Unfaßbarem und vor etwas Ungewissem. Ich glaube, dieser Umbruch lag auf den Gesichtern als eine sehr ernste Sache.

Mutter zog uns fünf wieder auf dem schmalen Pfad zwischen Feld und Wiesenhang über den Kirschberg, der bereits an unseren Garten grenzte, nach Hause. Das Haus stand unversehrt. Drinnen in den Zimmern stand jedes Ding an seinem Platz, wie es aussah. Erst viel später merkte Mutter, daß der große Milchtopf, der am unteren Straßenfenster gestanden hatte, nicht mehr da war. Eine Nachbarin wollte gesehen haben, wie ein russischer Soldat hinter einem Panzer hergelaufen war und aus einem irdenen Fünflitertopf getrunken hatte, ohne einmal abzusetzen.

Die Prinzessinnen
im Krautgarten

Beide in Schwarz. Immer nur ganz in Schwarz. Lange schwarze Gewänder, die nahezu die Erde berührten. Nonnenhaftes Wandeln. Nie anders als am Stock. Ach, es waren wohl eher Spazierstöckchen, die bei uns auf dem Lande nur als Stakestöcke bekannt waren. Die Lieblings-farbe ihrer Kleidung trug ihnen einen Beinamen ein: die Schwarzen. Das war despektierlich und galt deshalb nur hinter ihrem Rücken. Angeredet wurden sie mit Durch-laucht. Das gehörte sich so und wurde allseits respektiert. Wer hätte sich da vermaulieren wollen? Für uns Kinder waren sie unter den Respektspersonen des Dorfes das Nonplusultra. Wenn wir derlei hochgestochene Worte nicht mal im Traum dachten, gab es für diesen Abstand immerhin ein untrügliches Gefühl sozialer Differenz, das nicht benannt zu werden brauchte. Die Schwarzen kamen nur im und als Dual vor. Nie wäre eine ohne die andre ausgegangen. Sie hielten sich dicht beieinander, als wären sie siamesische Zwillinge. Was jedoch nicht ausschließt, daß eine von beiden das Sagen gehabt hat.

Wenn wir Dorfjungen – kniefreie Persönlichkeiten, minderjährige Streuner, Herumlungerer, Büttler, Tage-diebe, allemal linkisch wie Runks, wenn es darauf ankam, Gesittung zu zeigen, Benimmse – ihrer ansichtig wurden und keine Gelegenheit mehr fanden, uns in ihre Kornfelder zu verdrücken, hieß es dienern. Das widerstrebte mir. Eine trotzige Andeutung, mehr nicht. Die Mädchen hatten brav zu knicksen. Das war Brauch, der durch die Jahrhunderte gelaufen sein mochte. Feudale Relikte. Nach dem Krieg, als uns der Hunger die Flausen austrieb, waren derlei Relikte besonders verpönt.

Die beiden Prinzessinnen liefen nicht einfach wie andere Frauen des Dorfs, von denen jede ihren eigenen Gang hatte. Manch einer reizte uns zum Nachäffen. Wie oft war aus den abgeschufteten, ausgebrackten Körpern nur noch ein Hatschen, Humpeln oder Schlurksen herauszuholen! Jedenfalls war tänzerische Eleganz völlig ortsfremd. Das wäre aufgefallen und hätte lächerlich gewirkt. Es schickte sich einfach nicht, etwas Besseres sein zu wollen. Das Dorf war eine verschworene Lebensgemeinschaft, in die hatte man sich einzufügen. Möglichst nicht auffallen. Die Prinzessinnen hingegen setzten ihre Füße anders, so bedachtsam, als hätte es gegolten, jeden Schritt eigens und neu zu bedenken. Sie wandelten durch ihre Besitzungen. Erdabgehobene Würde, schwarz verpackt, in aller Bescheidenheit, in einer, die kein Aufhebens von Äußerlichkeiten zu machen gedachte. Fremde im eigenen Land. So jedenfalls kamen sie uns vor. Wievielmal mehr fühlten wir Häuslerskinder uns als die wahren Herrscher über alles, was ihre Ländereien rainte und steinte. Samt Feldscheunen, Strohfeimen, Druschplätzen, Obstplänen, Lehmgruben, Gewässern, Mühlwehren, Wegen und Stegen wie all ihren Fuhrwerken und erst recht den hundsordinären Kutscherflüchen, die unsere Ohren erreichten. Alle Verbote in den Wind geschlagen! Welch eine Kostbarkeit war

eine Kohlrübe, heimlich aus einem Rittergutsfeld ausgezogen. Obstdiebstahl war Ehrensache. Nur Feiglinge
wollten nicht dabeisein, wenn die stibitzende Korona
gleich einer Starenwolke in die sich rötenden Kirsch-
bäume einfiel. Da wurde freiweg nach ungeschriebenen,
aber angestammten Rechten gehandelt. Juveniles Allmen-
dedenken, nicht auszurotten. Erwachsene mochten nicht
anders denken, wenn auch heimlich, heimlicher als wir,
handeln. Streng und geschieden. Wir tags. Sie nachts.
Das Land war doch so herrlich freigebig. Es warf so viel
ab. Spatzenreichtum. Sie säen nicht, sie ernten nicht, und
Gott im Himmel nährt sie doch. Biblisch-feudale Verhältnisse auf den Elbhöhen im Dresdner Hinterland.

Die Prinzessinnen zu Reuß gehörten der jüngeren
Linie an. Ihr Vater hatte Heinrich geheißen wie alle
männlichen Reuße beider Linien vor und nach ihm. Die
ältere Linie unterschied sich von der jüngeren vornehmlich dadurch, daß die eine die Heinriche durchzählte,
während die andere bei Beginn eines neuen Jahrhunderts
wieder mit einem Heinrich dem Ersten begann. Interes-
sante und spannende Rechenaufgaben für Dorfschulmeister, wenn in der höchsten Klasse, nämlich in der zweiten,
Regeldetri exerziert wurde und die Gipfelleistung darin
bestand, das Alter eines Brunnenbaumeisters zu berechnen, der soundso viele Brunnen von soundso viel Metern
Tiefe gegraben hatte. Heinrich der Achtundfünfzigste
muß früh gestorben sein. Nur Louis Löwe, unser Nachbar, nur als Läähmluii bekannt, wußte noch von ihm
mancherlei Scherzhaftes und Leutseliges zu berichten. Er
stand für Überlieferung. Nur, ob nach mir Landflüchter

noch einer dafür sorgen wird, daß dieser Heinrich als Respektsperson so lebendig bleibt wie die Kriegsläufe der letzten zweihundert Jahre und also gegenwärtig in einer volkstümlich erweiterten Gegenwart, muß ich dahingestellt bleiben lassen. Ich vermag das Gefühl nicht zu unterdrücken, der Stafettenstab wird in eine geschichts- und gesichtslose Leere gereicht. Da ich eben eine Gewährsperson für mündliche Überlieferung ins Spiel brachte, muß ich nachtragen. Einen Friseur gab es im Dorfe nicht. Man mußte sich schon nach Kleewunsch bemühen, das jenseits der Autobahn lag. So erbarmte sich Läähmluii der verzottelten Dorfjugend und verpaßte ihr einen einheitlich gehaltenen Topfschnitt für fünfzig Pfennige. Seine Zitterhand und die daran klemmende Handschneidemaschine waren gefürchtet. Aber wer sollte das museale Stück der Haarschneidekunst auf Heimarbeitbasis schärfen? So zuppelte sich das stumpf gewordene Maschinchen durch den Pelz, dem der hilfreiche Hilfsfriseur zu Leibe rückte. Es kam schon mal vor, daß er am Kopf aneckte und blutige Schrammen hinterließ, so daß seine Opfer ähnlich blessiert herumliefen wie ein Schaf nach der Schur. So blieb die Erinnerung wach, daß vor denklicher Zeit Zahnarzt und Friseur in einer Person vereint waren. Läähmluii bildete gewissermaßen das Bindeglied, dank dem die Vorstellung an den quacksalbernden Bader lebendig blieb. Wer seiner Delinquenten hätte je das Zuppeln vergessen? Aber die Erinnerung an seinen Kleewunscher Kollegen, Zahnarzt Raffnit, war schwerlich zu tilgen, vor allem dann nicht, wenn er seinen Kunden vor dem Zahnziehen mit zwei saftigen Ohrfeigen betäubt hatte.

Aber ehe ich mich über die einschichtigen Freuden des Landlebens verbreite und Gefahr laufe, mich in denselben zu verlieren, muß ich erst die Geschichte mit den Prinzessinnen, wenn es denn überhaupt eine ist, mit Anstand zu Ende bringen. Man kommt so leicht vom Hundertsten ins Tausendste beim Erzählen. Die Erinnerung hat ein ausschweifendes Wesen, mit dessen Bändigung unsereiner seine liebe Not hat.

Also führ ich einfach die beiden Prinzessinnen zu Reuß jüngerer Linie noch einmal so vor, wie ich sie damals erlebt habe, jedenfalls so, wie ich mir jetzt einbilde, sie tatsächlich so und nicht anders erlebt zu haben.

Einmal spielten wir zu zweit, der Sohn des Leutevogts und ich, Verteidigung des Dorfes vor fremden Eindringlingen. Während Frau Kastner, Kastner-Agnes, uns Ungläubigen weismachen wollte, für den Endsieg müsse von jetzt an auch getrocknete Katzenscheiße gesammelt werden, damit der Volkssturm wenigstens mit einer schlagkräftigen Waffe ausgerüstet werden könne, häuften wir mit unseren vier bloßen Kinderhänden einen ansehnlichen Berg Erdstaub auf der Höhe des Dorfausgangs. Von den Fuhrwerken des Ritterguts und der Neudeckmühle zermalmter Lehm, durch den Mensch wie Tier getreulich schurrten. Es sei denn, der Regen hatte das Material in eine prächtige Minkemanke verwandelt. Auch damit ließ sich arbeiten. Alles zu seiner Zeit. Nahten sich Besucher, in denen wir fürsorglich Fremde vermuteten, wirbelten wir den Staub auf. Schwängerten die frische Landluft und unsere Lungen mit seinen Partikeln. Der Ortsausgang verwölkte sich, weithin sichtbar. Dann wurde es höchste Zeit, daß wir uns aus dem Staube machten.

Diesen Weg auf der Höhe liebten auch die Prinzessinnen. Von hier aus sahen sie teilnahmsvoll, aber ohne agronomischen Sachverstand auf ihre Felder. Endlose Weizenschläge. Kamillegesäumt, von Disteltrempeln geschändet. Von hier aus erreichten sie den Wald, das Tännicht, Betstein, Hexenküche und Bischofskanzel. Aber meist genügte ihnen der Blick auf ihn und darüber hinweg. Wenn die Sicht gut war, konnten sie von der Juchhöh bis in die Lößnitz sehen, ins Überelbische, wo Wein angebaut wurde. Daß wir ihnen die Sicht getrübt hatten, setzte uns nicht sonderlich in Verlegenheit, wohl aber, daß sie unserer Fleißarbeit ansichtig wurden. Zwei barfüßige Kinder, tief gebückt, den Kopf durch die gespreizten Beine gesteckt, um nur ja kräftig schaufeln zu können. Dabei hatten wir nicht ins Dorf sehen können. Zwei Erdferkel, aus Lehm geformt, die sich auf Mimikry verstanden, hatten die Farbe der Erde angenommen. So reichten wir ihnen die Hand, artig, wie es sich schickte, aber sehr schmutzig. Sie trugen wie immer weiße Handschuhe.

Einmal im Jahr, kurz vor Weihnachten, wurden die Kinder der Gutsarbeiter ins Schloß geladen. Zur Bescherung. Neben dem Keksteller fand sich ein Geschenk. Handgestrickt. Pudelmütze, Wollsocken, Schal oder, und dies besonders beliebt seitens der Wohltätigkeitsstrickerinnen, ein Paar Müffchen. Und so konnte es vorkommen, daß eines der Kinder dreimal hintereinander mit solch einem unverzichtbaren Teil einer kompletten Winterausrüstung beglückt wurde. Vermutlich strickten die Prin-

zessinnen an den langen Winterabenden nach Weihnachten bereits wieder für die nächste Bescherung.

Die alten Leute im Dorf wurden nicht müde, von jenen
guten alten Zeiten zu erzählen, in denen der Leibkutscher
Friedrich die Schwarzen fürstlich in einer Equipage
chauffierte und welche Rüdigkeiten er sich herauszuneh-
men erlaubte gegenüber den Herrschaften, die sich wohl
mokierten über den Mangel an Etikette und gebotenen
dezenten Umgangsformen ihres livrierten Domestiken, in
ihrer apfelmilden Sanftheit verzeihend darüber hinweg-
sahen und nicht aufzumucken wagten. Wußten sie doch,
auf ihren Leibkutscher war Verlaß, selbst in den heikelsten
Lebenslagen. Mochten die Wege, über die er sie schaukelte
und stauchte, noch so schlecht sein, er brachte sie immer
wohlbehalten in den Schloßhof zurück. Eines der beiden
Kutschpferde, die er so meisterhaft zu zügeln verstand,
wurde von uns Kindern bestaunt. Ein uralter Gaul, immer
grau gewesen oder ergraut, wurde den Prinzessinnen zu-
liebe gnadenhalber in einem Verschlag des großen Pferde-
stalls belassen. Nicht mal den Milchwagen vermochte er
mehr auf den Käseberg zu ziehen. Cäsar war ein Methusa-
lem unter den Ackergäulen des Ritterguts. 45 Jahre alt.
Diese Altersangabe, mochte sie stimmen oder nicht, wurde
als große Gutsbesonderheit immer wieder ehrfurchtsvoll,
staunend genannt und weitergetragen. Cäsar also hatte den
Leibkutscher der Prinzessinnen überlebt und legte Zeugnis ab von dessen Existenz. Aber Cäsar hatte nicht nur seinen Friedrich überlebt. Er war das Relikt eines verflossenen
Lebensstils. Das Equipagenzeitalter war unweigerlich abgelaufen, zuletzt auch im Schloß zu Klipphausen, an dem

zu lesen stand: »Klipphausen heiß ich, / In Gottes Hand steh ich, / Wer mich haßt, / Der meid mich.« An Stelle der schlecht gefederten Equipage mit eisenbereiften Holzrädern war ein Opel P4 gerückt, aber kaum war das Autozeitalter angebrochen, wurde das schwarze Gefährt für kriegswichtig erklärt und also requiriert.

Und die Leute wurden nicht müde, sich und ihren jugendlichen Zuhörern immer und immer wieder die alten Dorfgeschichten auftischen zu lassen, die sie längst kannten. Die Arbeit der Kinder bestand im Aufschnappen. Wenn sich wenig ereignete, war man besonders begierig, Aufgewärmtes vorgesetzt zu bekommen. Vielleicht war ich extrem neugierig. Mag sein. Mutter hat es oft behauptet. Mir will es heute scheinen, die Leute hätten sich früher viel mehr zu erzählen gehabt, und dies sei ihnen eine Lust gewesen. Und wie sie erzählen konnten. Natürlich auch Klatsch und Tratsch, nicht immer stubenrein und für unsere Ohren bestimmt. Die dreihundert Dorfbewohner kannten sich untereinander alle bestens. Selbstverständlich gehörte es sich, auf der Straße jeden Passanten zu grüßen. Allerdings kam es uns nicht zu, einen Bauern samt seinen Ochsen zu grüßen: »Gunamd zamnander!« Das war Frevel.

Heil Hitler zu rufen und den Arm hochzureißen, wenn wir einen aus der Nachbarschaft trafen, ging uns über die Hutschnur. Aber wehe, wenn wir an den Falschen gerieten, dann wurden wir als schnöde Rotzjungen auf der Straße abgesiebt und heruntergeputzt. Dann herrschte Schnauzton. Aber in der Regel wußten wir Kinder, wem wir einen guten Tag anvertrauen durften und vor wem ein

Heil Hitler angebracht war. Der Respekt vor öffentlichen Gebäuden, Geschäften hatte sich von der alten in die neue Zeit hinübergerettet. Und so passierte es mir, daß ich im Sommer 1945 in der Apotheke zu Kleewunsch automatisch den Arm hochriß und mich mit dem Gruß meldete, der inzwischen als Provokation galt.

Der eigentliche Regent des Ritterguts in allen irdischen, also zumeist ökonomischen Angelegenheiten war der Inspektor. Ihm oblag die Bewirtschaftung der etwa 200 Hektar Land sowie die Oberaufsicht über alle Stallungen, der Gutshandwerker wie auch der kriegsgefangenen Gutsarbeiter, meist Polen und Franzosen. Um die weit verstreuten Waldungen, mehr Dekor als Wirtschaftsfaktor, kümmerte sich der Förster, der zugleich der Gärtnerei vorstand und eine Kolonne »Gartenweiber« befehligte. Er belieferte die Schloßküche mit Gemüse. Im Krautgarten über dem Teich, reichlich mit Karpfen und von Fröschen besetzt, wurde längst kein Kraut mehr angebaut. Er hieß aber immer noch so, obwohl sich darin, solange ich denken konnte, nur ein riesiger Erdbeerschlag erstreckte. Zur Dorfstraße hin war der herrschaftliche Garten von einer hohen, glatt verputzten Mauer umgeben, die sich nicht übersteigen ließ. Ein morsch gewordener Ziegelschuppen, in dem Gartengeräte und Pflückkörbe für die nächste Saison aufbewahrt wurden, immer verschlossen und ebenso unzugänglich wie das Erdbeerland ringsum, hatte ursprünglich als Obstdarre gedient und hieß deshalb nur »Die Darre«. Nicht nur das abgewitterte Häuschen, sondern auch die Gegend ringsum. An seiner straßenseitigen Flanke hing eine große schwarze Anschlagtafel, auf der der Bürgermeister bekanntmachte, was die Dörfler anging. Wir Kinder wußten uns dennoch Zugang zu verschaffen zu diesem Hortus conclusus, Krautgarten genannt. An der Oberseite des Dorfs, »hintenrum«, führte ein selten benutzter Trampelpfad, der sich als Diebsweg geradezu empfahl. Er zog sich an der oberen Krautgartenmauer entlang. Hier und da waren die Bruchsteine aus den Fugen gerutscht. Und an einigen Stellen hatten wir nachgeholfen, um so herbstens leichter an die beiden Eßkastanien zu gelangen. Hundert oder gar zweihundert Jahre alte Bäume, zweihäusig. Das Alter interessierte uns weniger, weit mehr der Inhalt der Stachelbälle. Und da wir nicht warten wollten, bis der Herbst sich bequemte, sie zu Boden zu werfen, halfen wir der Natur ein bißchen nach. Die Kühnsten stiegen ins Geäst hinauf. Das Fußvolk warf mit Knütteln. Diese Frucht ließen wir uns nicht streitig machen.

Einmal muß zwei Jungen aus dieser Schar der Teufel geritten haben. Oder war es nur die pure Langeweile, die sie plagte? Eine Langeweile, die aus geballter dörflicher Ereignislosigkeit bestand. Ich weiß es nicht. Es wird nie zu ergründen sein. Eng an die Krautgartenmauer gekutzt, um nur ja nicht gesehen zu werden, warfen die beiden ein abscheuliches Wort in den Garten hinein, in dem sich die beiden Prinzessinnen ergingen, begleitet von ihrer Dienerin, die nicht geringeren würdevollen Abstand zur plebejischen Dorfbevölkerung einzulegen wußte. Dienerlehmanns Hedwig, aus einer Schloßdienerdynastie hervorgegangen. Unverehelicht geblieben wie die beiden Prinzessinnen Annemarie und Gertrud. Ob dieses Trio

als Gegenpol ihrer Wirklichkeit den beiden Staubauf-
wirblern zu sehr in die Augen gestochen und zwanghaft
gereizt haben mag, ihm Schmähliches an den Kopf zu
werfen? Wer hatte ihnen eingegeben, in die friedfertige
Dorfstille laut und vernehmlich »Arschwickel« zu rufen?
Ein merkliches Aufzucken der Empörung befiel die unsichtbaren Körper der drei Damen. Unerhört! Schämt
euch, ihr Lausejungs, schämt euch! Und was nun erst die
Mütter der beiden zu hören bekamen. Aber zuvor erschra-
ken sie in tiefster Seele. Erschauerten ob dieser ungeheuer-
lichen Freveltat, die ihnen entfahren war, bis ins Mark.
Als ob sie nur Stimme eines unbekannten Bösen gewesen
wären. Dessen ausführende Organe.

O Gott, wohin denn jetzt bloß, wo nichts mehr zu
verbergen noch zurückzunehmen war? Gelatscht ist
gelatscht. Schleunigst zum Dorf hinaus! Tarnkappe über-
werfen! Armesündergesichter. Geprügelte Hunde. Geduckt über die Darre gehuscht. Am Teichgeländer entlang. An der Brauerei, die, man ahnt es, längst keine mehr
war, vorbeigewitscht. Auf laubüberdachtem Försterei-
pfad zwischen Mühlgraben und Frau Inspektors Garten
dorfaus. Bloß weg! Über die Lehmgrube gesprungen, in
der ich auf dem Heimweg mitansehen mußte, wie ein Mitschüler den starken Maxen markierte und mehrere Frösche, Hutschgen geheißen, auseinanderriß. Ein hartnäcki-
ger Ekel, den die Erinnerung wieder hochkommen läßt, so
als sei die Untat gestern geschehen. Fürstengrund, nimm
uns auf, versteck uns! Vor der Sonne! Vor dem Tageslicht!
Erst spätabends schlichen wir uns wieder ins Dorf ein wie
Schmidts Katze und wußten nicht zu sagen, was wir den

ganzen Tag getrieben hatten. Wir wußten es wirklich nicht. Als hätte der Schreck, der uns in die Glieder gefahren war, das Gedächtnis versteint.

Neben Inspektor Meschke und dem Gärtner, der für jedermann nur Herr Förster war, obwohl er gar nicht so hieß, gab es noch eine dritte ökonomische Größe auf dem Rittergut: den Schäfer. Er gebot über eine dreihundertköpfige Merinoherde, die ihn vor sämtlichen Kriegsschauplätzen bewahrte, obwohl er dem Jahrgang 1908 angehörte. Kam er zum Rapport ins Schloß, in voller Perlmuttmontur, mußten Inspektor und Förster zurückstehen. Er hatte immer Vortritt. Das war sein Triumph. Der Schäfer wußte seinen Wert und seine Wertschätzung bei den Prinzessinnen aus dem seiner Herde abzuleiten. Er wußte, was er zu tun und zu lassen hatte. Keiner konnte ihm in seine Obliegenheiten hineinreden. Er blieb ihnen ein treu ergebener Hirt bis zum Ende, bis zu deren Ende.

Als am 7. Mai 1945 gegen Mittag zwar nicht Herzog Alba ans Schloßtor pochte wie weiland an jenes der mutigen Katharina von Schwarzburg, sondern ein Pulk russischer Offiziere, deren Namen kein Chronist überliefert hat, bewies Prinzessin Gertrud gegenüber den Befreiern zumindest kühles Blut. Eine Noblesse, die ihrem Stande alle Ehre machte. Einer der rund um den Wohnzimmertisch sitzenden Soldaten gab sich als Kommandant aus und fuchtelte wie wild mit seiner Pistole, verlangte gebieterisch alle Uhren, sonst würde er schießen. Inspektor Meschke, dem nachgeredet wurde, er sei ein Sorbe, und dem alle kriegsgefangenen Franzosen, Polen, Litauer einmütig das beste Zeugnis ausstellten: »Chef gutt!«, kann russisch, und so erfährt Durchlaucht, was Sache ist und was die Stunde geschlagen hat. Im Grunde hatte die kreisende Pistole an ausgestreckter Hand keines Dolmetschers mehr bedurft. Und was »Urri, Urri« bedeutete, hatte sich sehr rasch herumgesprochen. Auch in den herrschaftlichen Gemächern. Fünf Uhren hatten die Prinzessinnen bereits gegeben. Aber das reichte dem Kommandanten oder dem, der sich dafür hielt, nicht. Um seiner Forderung Nachdruck zu verleihen, schoß er erst in die Wand und gleich darauf in die Chaiselongue, auf der die beiden Prinzessinnen saßen. Und wie gekonnt! Oder war es nur Zufall, daß der Schuß haarscharf an beiden vorbeiging in ihr Sitzmöbel, obwohl sie doch sehr eng beieinander saßen. Unzertrennlich wie seit eh und je, so auch in dieser schweren Stunde, die eine Kette von Verlusten einleitete. Prinzessin Gertrud, die wohl doch immer das Sagen gehabt haben muß, sagte kühl und trocken, so was schrecke sie gar nicht. Immerhin hatte sie Haltung bewahrt und den Todesschreck zu bemeistern gewußt, so daß er nicht nach außen drang. Der fuchtige Kommandant hingegen verlor die Contenance oder was sonst er an deren Stelle besessen haben mochte. Vom Jähzorn gepackt, riß er Annemarie, die kein Wort über die Lippen gebracht hatte, am Arm und versuchte sie brutal aus der Polsterung zu reißen. Währenddessen hatte die schlohweiße Dienerin, Dienerlehmanns Hedwig, in einem gut abgepaßten Augenblick des Tohuwabohus und Gebrülls ihre eigene Uhr und eine Handvoll herrschaftlichen Schmucks in den Moosbänken versteckt, die vom Winter her noch in den Fensterbänken liegengeblieben waren. Der Schuß, den der Sieger auf die alten Damen abgegeben hatte, ließ sie zwar am Leben. Das Zeitalter aber, das sie verkörperten und in meinem Dorf repräsentierten, hatte er besiegelt. Nicht symbolisch – tatsächlich. Die Prinzessinnen wagten ihre Gemächer nicht mehr zu verlassen. Die Dienerin, Inspektor Meschke und das Pflichtjahrmädchen Felicitas, fünfzehn Jahre jung und somit höchst gefährdet in diesen Tagen, stellten die Verbindung zur Außenwelt her. Unter und über ihrem Refugium, um sie herum rumorte es. Das Tafelsilber – spurlos verschwunden, ebenso das nie benutzte Meißner Porzellan. Das Jagdzimmer ihrer Vorfahren samt der historischen Waffensammlung – geplündert, ausgeräubert, verwüstet als Hort feudalabsolutistischer Protzerei und Impertinenz – über das ganze Dorf verstreut. Anläßlich der Siegesfeier, der alle Häuser unseres Winkels beinahe einem gigantischen Freudenfeuer zum Opfer gefallen wären, schossen die betrunkenen Soldaten mit den erbeuteten Jagdgewehren nach in die Luft geschleuderten Flaschen. Überall sahen wir Kinder, als wir uns wieder auf die Straße trauten, die demolierten Museumsstücke herumliegen.

Als wenig später die Männer der Ersten Stunde beratschlagten, wie die Neue Zeit einzuläuten sei, kamen sie auf die Idee, die Schwarzen aus dem Schloß zu werfen. Das wollten sie als Präambel ihrer neuen Ordnung gesetzt wissen. Zwei Delegierte wurden gewählt und mit dem historischen Auftrag betraut, den Feudalismus zu beenden. Der Auftrag war klar. Die beiden hatten verstanden. Das Sprüchlein, das sie dabei aufsagen mußten, sollten sie sich gefälligst unterwegs zurechtlegen. Als sie klopften und gleichzeitig die Tür aufrissen, wußte der eine, der wie der andere zu grüßen vergessen hatte, nur zu sagen: »Macht aich raus, ihr alten Schachteln!« Das ließ jedenfalls an Deutlichkeit nichts zu wünschen übrig.

Dienerlehmanns Hedwig besorgte einen Handwagen im Dorf, lud ein paar Koffer auf, steckte einige Bündel zwischen die Leitern, verstaute noch zwei Bettdecken. Und ab ging die Armeleutefuhre. Prinzessin Gertrud, die sonst das Sagen hatte, sagte nichts. Prinzessin Annemarie, die immer so still war, weinte. In fußlangen schwarzen Gewändern, altmodisch-spartanisch, zogen sie in die Spielschule um. Ein Häuschen am Rande des Krautgartens, zu unserem Häuslerwinkel gehörig. Obwohl das Haus als Kindergarten längst ausgedient hatte, das wird nun wirklich niemand mehr wundern, war der alte schöne Name am Haus hängengeblieben. Natürlich hatte auch dieses Haus den Prinzessinnen gehört wie so vieles andere im Dorf. Vormals waren dorthin die Kinder ihrer Gutsarbeiter zum Spielen geschickt worden. Nun diente es ihnen als Ausgedinge.

Das Schloß sollte geschleift werden. Die Männer der Neuen Zeit sahen sich nach Kreuzhacken um. Aber dann setzte sich bei Bedächtigeren die Einsicht durch, das Schloß könnte das Wohnungselend lindern helfen. Mindestens zwei Dutzend Flüchtlingsfamilien könnten in ihm untergebracht werden. Aber wie sollte man darin den Winter überstehen? Wie sollte man die viel zu großen Räume, die der Frost in Eisbunker verwandelte, wenigstens einigermaßen warm bekommen? Und so begannen die Einzügler erst nach transportablen Öfen zu fahnden, dann nach Brennholz. Durch so manches Fenster mußte ein Loch für das Ofenrohr geschlagen werden. Der Park vor der Haustür, den bislang nur die Prinzessinnen betreten durften, reichte für zwei strenge Nachkriegswinter. Danach war nicht ein Baum und ein Strauch mehr übrig. Freie Sicht. Auch von unserm Haus auf dem Berge auf das bislang verdeckte langschiffige Schloß. Und da die aus Ostpreußen, Pommern und Schlesien teils geflohenen, teils vertriebenen neuen Dorfbewohner kein Einwickelpapier im Reisegepäck gehabt hatten, blieb ihnen nun nichts anderes übrig, als nach den alten Urkunden auf dem Schloßboden Ausschau zu halten, damit ihnen der Fleischer ihre kärgliche Wochenration, gegen Abgabe von Marken, versteht sich, einwickeln konnte.

Im ersten Nachkriegsfrühjahr wurde auch der Landbesitz der beiden Prinzessinnen zu Reuß jüngerer Linie, Gertrud und Annemarie, aufgeteilt, in Kleinparzellen oder fünfhektarweise. Aus Fichtenstämmen wurden Grenzpfähle gesägt und angespitzt. Aber das ist ein neues Kapitel der Dorfgeschichte.

Annemarie, der stillere Teil der sanftmütigen Schwestern, überlebte den sozialen Abstieg ins bodenlose Nichts nur um einige Monate. Dann starb sie, gramzerfressen. Etwas gebeugt war sie ohnehin schon immer gegangen, soweit ich sehen konnte. Während Gertrud, die das Sagen gehabt hatte und vielleicht zwei, drei Jahre jünger war, die Strapazen einer neuerlichen Flucht auf sich nahm. Die Flucht in den Westen. Ohne Handwagen und ohne Dienerlehmanns Hedwig.

Die Möbelträger, dem sogenannten Schloßbergungskomitee zugeteilt, sahen verwundert auf jedem Möbel/ stück an verborgener Stelle einen Stempel prangen. Zu/ nächst glaubten sie, ein Gerichtsvollzieher sei vor ihnen zugange gewesen und habe den Kuckuck aufgedrückt. Dann lasen sie verblüfft: »Eigentum der Evangelisch/ Lutherischen Kirche zu Röhrsdorf«.

Die Dorfmeinung blieb zwiespältig. Die einen mein/ ten, die Schwarzen hätten in weiser Voraussicht gehan/ delt, die andern hielten es für einen Akt der Rache. Wie man es nimmt.

DER NEULEHRER
AUF DEM SCHUPPENDACH

Vier große Fenster, die viel Licht in das Klassenzimmer ließen und durch die Schüler wie Lehrer auf die
dreieckige Koppel von Bauer Zschunke sehen konnten,
waren zu Bruch gegangen, als die Autobahnbrücke,
kaum zwei Kilometer entfernt, gesprengt worden war. In
die Fensterstöcke waren geschwärzte Papptafeln eingesetzt
worden. Ob in den Tagen danach in dieser Dunkelkam-
mer noch unterrichtet wurde, weiß ich nicht mehr. Ebensowenig ist mir erinnerlich geblieben, wie der letzte
Schultag im Dritten Reich ablief, was mir an diesem Tag
durch den Kopf ging. Als ob Augen und Ohren nicht bei
der Sache gewesen wären.

Just an dieser einschneidenden historischen und bio-
graphischen Bruchstelle läßt mich der Bilderspeicher im
Stich. Vermutlich kamen wir morgens zur Schule, so wie
es der Stundenplan vorsah. Gewärtig, es würde immer so
weitergehen wie bisher. Aber angesichts der Verwüstun-
gen wird uns wohl Lehrer Geitel gleich wieder nach
Hause geschickt haben. Ob ich den Hausaufsatz über den
Frühling an diesem Tag im Ranzen trug, den er uns
schreiben hieß? Fest steht nur, der Lehrer kam nicht mehr
dazu, ihn zu zensieren. Das Aufsatzheft blieb in meinen
Händen. Geitel war der erste Lehrer in unserer Schule,
der die Prügelstrafe nicht anwandte. Er soll in unser Dorf

strafversetzt worden sein, als sei da ohnehin Hopfen und Malz verloren. Es wurde gemunkelt, er sei nicht Mitglied der Partei, der einzigen, der ein ordentlicher Lehrer anzu‚ gehören habe, so wie jeder selbständige Handwerksmei‚ ster, wie die Gastwirte und Geschäftsleute. Länger als ein Jahr kann er uns Kartoffeltheaterkomparsen kaum diri‚ giert haben. Einmal fehlte er eine Woche lang. Danach hieß es, er sei in Dresden in einem Keller verschüttet ge‚ wesen. Er selbst hat allerdings nie ein Wort darüber ver‚ loren. Zu jenen Zeiten war es noch nicht üblich, Privates auszubreiten. Zu groß die Distanz. Beidseitig. Vom Podest her, auf dem neben dem Lehrer Pult und Har‚ monium standen. Und ebenso von den Doppelsitzer‚ Schulbänken in Richtung Tafel. Der Lehrer eine Re‚ spektsperson. Gehaßt wie Mütze oder aber respektiert, wenn nicht beliebt, wie Geitel. Vertraulichkeiten kamen erst später auf. Etwa, wenn uns Lehrer Bretschneider, den es aus Glogau in unser Kaff verschlagen hatte und der stets eine Geige bei sich trug, in seine Familienangelegen‚ heiten Einblick nehmen ließ. Regelmäßig brachte er seine jüngsten, nicht schulpflichtigen Kinder mit ins Klassen‚ zimmer, ließ sie in den vordersten Bänken Platz nehmen und verordnete ihnen Stillbeschäftigung. Muckste sich eines, drohte er ihm, es achtkantig rausfliegen zu lassen. Was er damit meinte, war uns Schülern klar. Nur hätten wir gar zu gern gesehen, wie er dies praktizierte. Aber die‚ ses Vergnügen gewährte er uns nicht. Es blieb bei den An‚ drohungen, die immer etwas Achtkantiges hatten. Eines der Mädchen, das im Haushalt der vielköpfigen Lehrer‚ familie half, vermittelte ihre Erfahrungen mit Bretschnei‚

der, der sich lebhaft für ihre knospenden Brüste interes-
siert zeigte. Schon einmal hatte ein Lehrer abdanken
müssen, als ruchbar wurde, warum er Mädchen einzeln
ins Lehrmittelzimmer gebeten hatte. Angeblich hatte er
zu begreifen versucht, was die Mädchen im Unterricht
nicht begriffen hätten.

Als wir uns, reichlich verlottert und verwildert, im
Herbst des chaotischen Jahres 1945 wieder in die zu eng
gewordenen Klappbänke zwängen mußten, gab es keinen
Lehrer Geitel mehr. Er war abhanden gekommen. Keiner
wußte zu sagen, wie und wohin. Das junge Pferd, das
Bauer Zschunke so oft auf der Koppel hatte weiden lassen,
fand sich nie wieder ein. Es fehlte fortan im Bild. Vor
allem den Schülern, die den Vorzug genossen, an der Fen-
sterreihe sitzen zu dürfen, fehlte nun ein belebendes Ele-
ment im Unterricht. Freilich hatte das Pferd, das sich so
dicht vor dem Fenster tummelte, vom Geschehen im Klassenzimmer abgelenkt. Es zog die Blicke geradezu magne-
tisch an. Und ich bilde mir ein, es habe sich über Jahre
gleichbleibend jung und springlebendig in der Koppel
aufgehalten, mit immergleichem saftigem Graswuchs ver-
sorgt. Jederzeit zu jung, um schon eingespannt zu werden.
Ein Sohn des kinderreichen Stallschweizers Schröder, der
nur schwer im Klassenzimmer zu bändigen war, öffnete
einmal mitten im Unterricht kurzerhand einen der Fen-
sterflügel und sprang hinaus in Bauer Zschunkes Koppel,
nachdem der Lehrer strafenden Blicks eine Ermahnung
an den widerspenstig-ungebärdigen Schüler adressiert
hatte, was das Schweizerkind schwer beleidigte. Im Sommer 1945, als uns schulbefreiten Schülern die Zeit lang

wurde und wir allenthalben den Krieg nachschmecken zu müssen meinten, versorgte ich ebenjenen Fensterspringer mit Gewehrpatronen. Man konnte sich so leicht bedienen. Hinter Nachbar Beyrichs Gartenzaun waren etliche Pappkartons liegengeblieben, die von den letzten Zuk⁄kungen des Krieges herrührten. Ich sackte beide Hosen⁄taschen voll. Rannte damit zurück zu Schröder, der irgendwo im Gelände einen Karabiner mit gespelltem Schaft gefunden hatte. Wir lagen der Länge nach neben⁄einander über dem Steinbruch zwischen unseren beiden Dörfern im maiwüchsigen hohen Gras. Der Löwenzahn bildete ein gelbes Blütenmeer. Ich reichte die Patronen. Stück um Stück. Er steckte sie in den Lauf und schoß. Obwohl es sich bei meinen Fundstücken um russische Munition handelte, die deutlich kleiner war als die für einen Karabiner 98 bestimmte, nahm das Gewehr an, was ich zugeliefert hatte und Schröder ihm zumutete. Ich kann nur bestätigen, das Spielzeug funktionierte tadellos, bis der Vorrat an russischer Munition verschossen war. Damals über dem Steinbruch. Nicht viel weiter als einen Steinwurf vom Hinterrittergut entfernt. Am Fuße des Steinbruchs hätten wir uns bei Bedarf in dem verlassenen Pulverloch, dessen eiserne Tür sich leicht öffnen ließ, ver⁄stecken können. Der Weg im Tale führte am Bach entlang zur Schule, die für uns monatelang keine Verwendung hatte. Im Nachbarort hatte einer der Pimpfe, mit denen ich zweimal in der Woche zum Dienst angetreten war, mit Munition gespielt, während seine Eltern auf dem Feld arbeiteten, um nachzuholen, was durch die Kriegsereig⁄nisse versäumt worden war. Aber bei seinem Spielzeug hatte es sich um eine Dynamitpatrone gehandelt. Vom Schüler Hantzsch blieb so gut wie nichts übrig. Als ich Jahrzehnte später auf dem Kirchhof von Sora nach seinem Grab suchte, war es kurz zuvor eingeebnet worden, wie mir eine Frau berichtete, die sich auskannte und von dem Unfall wußte. Ein eingeebneter Lebenslauf, der viel zu früh abbrach, wie so manch anderer in diesen chaotischen Sommermonaten. Kriegstote über den Krieg hinaus.

Als die Tage der Plünderungsfreiheit, während der wir uns nicht aus dem Haus wagten, vorüber waren und uns marodierende Beutemacher, die dann gewärtig sein mußten, vom Ortskommandanten bestraft zu werden, nur noch gelegentlich heimsuchten, schwärmten wir im Trupp aus, um nachzusehen, was uns Kindern denn so hinterlassen worden war vom Krieg. Einer fand im Krähenbusch einen wuchtigen Hinterschinken, der bereits kräftig Grünspan angesetzt hatte, was den Finder indes nicht hinderte, ihn nach Hause zu tragen und seiner Bestimmung zuzuführen. Auf einer Wiese am Schulweg stand noch wochenlang ein zuschanden gefahrener Lastkraftwagen. Voll beladen mit Granaten, an die wir uns nicht herantrauten. Den LKW hätten die älteren unter uns liebend gern in Gang gesetzt. Aber wie den Defekt beheben? An anderer Stelle hatte der zwölfjährige Herbert Möbius, nur als Mäbs bekannt, die Reifen von einem Geländewagen zu demontieren gesucht und sich dabei den Arm gebrochen. Herbert, der dies ohne jede Hilfe mit einer Brechstange zu bewerkstelligen versucht hatte, war nun außer Gefecht gesetzt. Später wollte er nie mit der Sprache herausrücken, wie es zu diesem lächerlichen Un

fall kam. Zur größten Attraktion avancierte ein Personen-
kraftwagen der Marke Opel P 4, dessen Motor nicht mehr
anspringen wollte und in dessen Innerem bereits das eine
und andere Teil ausgebaut worden war. Aber immerhin
verfügte das Auto noch über alle vier Räder. Jedes prall
mit Luft gefüllt. Auch das Lenkrad funktionierte tadellos. Mit vereinter Kraft schoben wir das Vehikel, das un-
mittelbar vor Kriegsende aufgebracht worden sein mochte
wie Vaters Leichtmotorrad, um einer Gruppe von Soldaten den Rückzug auf eigene Faust beschleunigen zu helfen, den holprigen Schimmricher Weg hoch. An Sauers
Gartenzaun entlang, zur Ochsenwiese hinauf und ein gutes Stück am Gemeindebusch entlang, bis wir die Höhe
des Berges erreicht hatten. Wo nur irgendeine Kinder-
hand an der Karosserie Platz fand zum Schieben, drückte
sie aus Leibeskräften mit bergauf. Nur der Junge am
Lenkrad konnte nicht schieben helfen. Wie er es oben zuwege brachte, das flottgemachte Auto wieder in die entge-
gengesetzte Richtung zu wenden, ohne von dem zerfahrenen Wege abzukommen, weiß ich nicht mehr. Ich hatte
mich in der Meute der Schieber befunden. Dem Lenker
gelang das Kunststück, vielleicht nicht bravourös, aber
immerhin so, daß er das überladene Gefährt den Berg hinunter steuern konnte. Es kam nur darauf an, unten die
Kurve zu kriegen, um nicht in der Wilden Sau zu landen.
Aber bei jeder Abfahrt gelang es, in Knöfels Wiese hin-
einzufahren, ohne einen der Obstbäume zu rammen, und
unser Gefährt immer wieder in die Nähe des Fundortes
sanft ausrollen zu lassen. Das Auto nahm die halbe Korona auf. Wo außen noch irgendein Stand für einen Steh-

platz zu ergattern war, sprangen weitere Passagiere auf, nachdem sie dem Opel kräftig Schwung gegeben hatten, um den riskanten Freizeitspaß auf die Spitze zu treiben. So karriolten und kurvten die sich abwechselnden Lenker jeweils mit einer regelrechten Traube behängt das abschüssige Gelände hinunter. Durchschnitten von einem durch Acker- und Erntewagen ausgefahrenen Feldweg. Tiefe Löcher wurden vorzugsweise mit Dachziegelbruch und sonstigem Bauschutt grob gestopft. Die Glättung war dann jeweils Aufgabe der Feldanlieger.

Aber unser eigentliches Ziel auf diesen Streifzügen durch die mit den Hinterlassenschaften des Krieges reich bestückten heimatlichen Gefilde war zunächst die Schule. Die Fama, die wieder Kunde zu geben vermochte, verhieß unvorstellbare Schätze. Und in der Tat, als wir unbehelligt ins Nachbardorf gelangten und von der Schulmauer hinunter auf den Hof blickten, sahen wir, daß die Nachhut der deutschen Wehrmacht so ziemlich alle Ausrüstungsgegenstände zurückgelassen hatte. Das Gerücht, das uns herbeigelockt hatte, entsprach vollauf den Tatsachen. Und wer weiß, was da schon abtransportiert worden sein mochte von den Leuten der Nachbarschaft und von jenen, die sich in den wilden, wüsten Tagen nicht gefürchtet hatten und es den plündernden Soldaten, die von einem jahrhundertealten Gesetz Gebrauch machten, gleichtaten, wenn auch jeweils auf eigene Rechnung. Das Schulhaus stand offen. Kein Mensch im Haus. In allen Räumen war bereits herumgestöbert worden. Die bescheidene Schulbibliothek lag verstreut auf dem Fußboden. »Die Tiroler Kaiserjäger am Col di Lana«, von Anton Graf Bossi-

Fedrigotti für die Jugend geschrieben, hatte noch keinen Interessenten gefunden. Nach Kriegsbüchern stand jetzt niemand der Sinn. Krieg hatte man ja gerade frei Haus bekommen, ganz unliterarisch. Aus einem aufgebrochenen Lehrmittelschrank quoll eine Batterie von Schnitzmessern in verschiedener Größe. Nie hatten wir im Unterricht eines zu Gesicht bekommen, noch von diesem ungewöhnlich reich bestückten Vorrat vernommen. Auch wußte keiner zu sagen, wer denn die Idee gehabt haben mochte, uns das Schnitzen beizubringen. Im folgenden Jahrzehnt sollten sich die Messer in so manchem Haushalt bewähren als Küchenmesser. Wurde ich mit einem Steinskorb auf Futtersuche geschickt, steckte eines dieser Messer zwischen den gedrehten Weidenzweigen. Damit ließen sich Disteln ebensogut stechen wie Maistöcke.

Aber wehe denen, die ihre Häuser mit Sack und Pack verlassen hatten, sich denen anschlossen, die sich im Tharandter Wald verkrochen oder irgendwo im Freien einen Unterschlupf vorzogen. Wer wohl mochte alle Federbetten bei Nachbars aufgeschlitzt und eine Batterie Kompottgläser hineingeschüttet und zerscherbt haben? Da blieb es bei Verdächtigungen, die nie ausgeräumt werden konnten. In einem der beiden Klassenzimmer war eine Familie mit zwei Kindern einquartiert worden. Der Mann, Professor geheißen, war vor wenigen Tagen mit einer schwerfälligen zweirädrigen Karre durchs Dorf gefahren. Bevor die ersten russischen Soldaten einrückten, hatte er Frau und Kinder, zuletzt sich selbst erschossen. Als wir in der Schule nachsahen, waren die vier bereits beerdigt. Auf der Wiese von Bauer Faulkuß, dicht neben der Straße. Faulkuß war bereits im letzten Kriegswinter gestorben. Eines sogenannten »natürlichen Todes«. Damals konnten die Toten noch nach altem Dorfbrauch beerdigt werden auf dem Kleewunscher Ehrenfriedhof, wo sich sein Grab befindet. Auf dem Holzkreuz ist sein Name gerade noch zu lesen. Während Faulkuß, der den allzu freimütigen Schornsteinfeger verpfiff, uns Kinder anschnauzte, weil wir ihn wieder einmal nicht mit einem Heilhitler begrüßten, als ehrbarer Zeitgenosse ein ehrbares Grab erhalten hatte, ist das für den Professor und die Seinen bestimmt längst spurlos verschwunden.

Jedoch nicht nur jene vier Personen, die es als Ausgebombte oder Untergetauchte in unsere Schule verschlagen hatte, kamen in jenen dramatischen Maitagen ums Leben, als die eine Barbarei nahtlos durch eine andere abgelöst wurde. Als Bauer Pietsch, nur Schenkpietsch genannt, da im Ort drei Pietsche zu unterscheiden waren, mit ansehen mußte, wie die Befreier seine beiden Pferde aus dem Stall holten und entführten auf Nimmerwiedersehen, ihm seinen ganzen Stolz nahmen, an dem er sich als Bauer hatte messen lassen, so wie er seine Reputation auch selbst an ihnen maß, nahm er eines der Seile, die vor dem Stalleingang hingen, stieg auf den Futterboden hinauf und hängte sich im Gebälk auf. Ein anderer Bauer war von den Eindringlingen gejagt und in die Enge getrieben worden, weil er ihnen nicht geben konnte oder wollte, was sie alle verlangten. Als er in seiner Todesangst nicht weiter wußte, öffnete er eine der Bodenluken am Giebel, durch die Heu und Stroh gegabelt wurden, und sprang nach unten. Dabei brach er sich das Genick.

Aber wehe, wenn sich Mädchen und junge Frauen nicht so gut zu verstecken wußten, daß sie unauffindbar blieben. So wie es in einem der Nachbarhäuser unseres Häuslerwinkels glückte. Der mit Scheitholz säuberlich vollgeschichtete Oberboden, nur durch eine staubgraue Klappluke zu erreichen, war neu eingekästelt worden, um einen Hohlraum entstehen zu lassen, in dem sich mehrere Personen verbergen konnten. Eine Woche lang mußten es fünf oder gar sechs achtzehn- bis zwanzigjährige Mädchen in dieser unbequemen Zwangslage aushalten. Um den Preis, von keinem der Soldatentrupps entdeckt zu werden. Die Idee Egon Ritters bewährte sich. Zuvor hatte er in weiser Voraussicht sein Leichtmotorrad defätistischerweise dem Endsieg entzogen. In der Nacht, die der orgiastischen Siegesfeier folgte, hatten sich Mutter und die anderen Frauen, die sich im Haus aufhielten, in dem Schuppenboden, der nur über eine Leiter zu erreichen war, versteckt. Dort blieben sie unbehelligt. Jedenfalls in dieser einen Nacht, in der die Befreiung kulminierte, die aus unserer Perspektive als solche nicht erkannt und angenommen wurde. Schade, daß Mutter die Blechbüchse mit dem Schmuck, der den Dresdner Verwandten nach dem Angriff geblieben war, nicht auch dort oben verkranicht hatte, wohin nie ein Russe gelangte. Aber da man ringsum seine Heiligtümer im Garten zu verbuddeln pflegte, hatte Mutter die blecherne Kaffeebüchse in den Garten getragen und im hintersten Winkel unter einem Johannisbeerstrauch vergraben. Von einem der Schatzsuchertrupps, die mit langen Eisenstäben suchten, indem sie tief in den Erdboden stachen, wurde das Versteck prompt entdeckt.

Sogar das Holzkästchen mit diversen Utensilien aus meinem Besitz, das ich meinem quadratmetergroßen, also klitzekleinen Kindergarten anvertraut hatte, war wohl entdeckt, aber nicht für wert befunden worden, mitgenommen zu werden. Was wollten sie auch mit Plexiglassplittern und anderen Trümmerbrocken anfangen, die ich nach dem Absturz eines Jagdflugzeugs auf einem Röhrsdorfer Kleefeld aufgelesen hatte, während Männer mit Steingabeln umherliefen und suchten, was von dem Piloten, der während eines Gewitters in die Hochspannungsleitung geraten war, noch zu finden war.

Schlimmer ging es in dem Gehöft im Tale jenseits des Baches zu. Dort war für einen siebzigsten Geburtstag Vorsorge getroffen worden. Neben Lebensmittelvorräten waren in der Scheune unterm Stroh ein Faß Bier nebst etlichen Flaschen hochprozentigen erlesenen Inhalts verraten worden von jemand, der im Hof aus und ein ging. Diese Vorräte, auch was sonst noch in anderen Verstecken ausfindig gemacht wurde, dazu die offiziell zugeteilten Wodkarationen, zur Feier des Tages reichlich bemessen, bildeten den Fundus, aus dem geschöpft beziehungsweise der Sieg begossen werden konnte. Trinkfeste Soldaten und Offiziere feierten aus gutem Grund. Alle von dem Glück erfüllt, daß der Krieg zu Ende gegangen und sie am Leben geblieben waren. Grund genug also, sich bis zur Besinnungslosigkeit mit den Spirituosen zu betäuben. Einige glaubten, diesem Glück am besten Ausdruck geben zu können, indem sie alle Gebäude unseres Häuslerwinkels anzündeten und zu einem einzigen gigantischen Freudenfeuer auflodern ließen. Die Fachwerkhäuser wären in einer riesigen Lohe in den Himmel gefahren. Im Haus von Louis Löwe, der die Haarschneidemaschine besaß, wurden bereits die Fensterrahmen ausgebrochen. Zum Glück, zu unser aller Dorfbewohner Glück, müssen jene in der Überzahl gewesen sein, die den Pyromanen Einhalt geboten.

Stellmacher Meister war mit Frau und siebzehnjähriger Tochter im Haus geblieben. Was ihn davon abhielt, das blondzopfige Lottchen in ein sicheres Versteck zu verbannen, wußte keiner der Anlieger zu ergründen. Lottchen wurde an dem einen, dem schlimmsten aller »Russentage«, die unser Dorf auszuhalten hatte, als Mädchen und Frauen zwischen zwölf und sechzig büßen mußten, daß Hitler die deutschen Truppen 1941 in Rußland einfallen ließ, von mehreren Trupps, die Haus für Haus durchkämmten auf der Suche nach deutschen Soldaten, nach Pferden, nach Uhren und Alkohol, so oft vergewaltigt, daß ihr der Vater in seiner Verzweiflung die Pulsadern aufschnitt, danach brachte er seine Frau auf die gleiche Weise um. Er selbst hängte sich auf. Damit war die Familie ausgelöscht. Im Stall brüllten die Kühe so markerschütternd, weil keiner kam, sie zu füttern und zu melken zur gewohnten Zeit, daß einer der Männer von der Schäferei herüberschlich, über die Mauer stieg, um nachzusehen. Er sah, hier kam jede Hilfe zu spät. Vom Grauen gepackt, lief er zurück. Auch wenn dies zu einer Zeit geschah, da sich die Dorfbewohner in ihren Häusern möglichst dicht beieinander hielten, sich regelrecht verknaulten, als ob einer dem andern Schutz zu bieten vermochte vor den Gewalttaten der Befreier, drang die grausige

Kunde vom Tode der Stellmacherleute doch rasch durchs Dorf. Zwei Tage später wurden die Toten in ihrem Garten neben einem der Bretterstapel in die Grube gelegt, die, so schnell es nur ging, von den beiden Männern, die notgedrungen als Totengräber am Werke waren, zugeschaufelt wurde. Erst später wurde ein schlichtes Holzkreuz auf den Erdhügel gesteckt, der keine Trauergäste gesehen hatte. An eine Überführung auf den Friedhof ins Nachbardorf war in diesen Tagen nicht zu denken gewesen.

Bis in den Herbst hinein kann dann von nichts anderem gesprochen worden sein als von den Ereignissen jener Tage, als man seines Lebens nicht sicher war. Die Dorfjungen, in deren halbwegs behütete Kindheit etwas Unfaßbares eingeschlagen war als ein riesiger Fremdkörper, der einen tiefsitzenden Schock hinterlassen hatte, erzählten sich nun unentwegt im Austausch, als gäbe es keinen anderen Gesprächsstoff mehr, wo und wie oft dieses fünfzehnjährige Mädchen und jene Frau vergewaltigt worden waren. Und da sie fortan den Arzt aufsuchen mußten, bildete dies reichlich Erzählstoff. Was im Dorf einem einzelnen widerfuhr im Guten wie im Bösen, war immer dem ganzen Dorf geschehen, und also ortsbekannt. Als wäre auf diese Weise das schwer aufliegende, nicht zu verkraftende Mai-Erlebnis zu bewältigen. Indem man es sich ob seiner Ungeheuerlichkeit von der Seele redete. Ganz gleich, welchen Alters die Augenzeugen der Geschichte waren. Diese Bruchstelle der Kindheit, bei vielen deren vorzeitiges Ende, bildete eine dauerhafte Trennlinie.

Einem der Kleinbauern im Dorf kam als Ortsbauernführer die Aufsicht über alle Kriegsgefangenen zu, die auf den Bauernhöfen die fehlenden Bauern und Knechte zu ersetzen hatten. Immerhin konnte Ocktorff ein Pferd vor den Wagen spannen, während sich andere mit einem Ochsen oder zwei Milchkühen behelfen mußten. Auffälligerweise blieb Ocktorff vom Kriegsdienst verschont, obwohl er einem der Jahrgänge angehörte, die eingezogen worden waren. Auf dem einzigen größeren Gut arbeiteten vier junge Polen, die sich in der Landwirtschaft auskannten und bewährten. Auch ohne Aufsicht hätten sie getan, was zu tun war. Sie hielten zusammen, wo einer auftauchte, waren die drei andern nicht weit. Wir Kinder standen auf gutem Fuß mit ihnen wie mit allen anderen Kriegsgefangenen, auf besserem jedenfalls als mit manchen der einheimischen Kutscher. Die vier Polen ließen sich im Sommer kaffeebraun brennen. Dagegen wußte niemand etwas einzuwenden, obwohl ihnen bei der Arbeit mit freiem Oberkörper das »P« auf dem Rücken fehlte. Ocktorff, der sich gern in Langschäftern, uniformiert mit Hakenkreuzbinde zeigte, wenn auch nicht gerade beim Jauche- oder Mistfahren, spielte sich vor den Polen auf. Weiß ich, ob er es wirklich nötig hatte, den Herrenmenschen herauszukehren und die Polen anzubrüllen? Als ob es ihm eine Lust war, den vier ihren Gefangenenstatus zu demonstrieren. Gelegentlich muß er mit dem Peitschenstiel nachgeholfen haben, was sich auf dem Rücken und mindestens ebenso deutlich im Gedächtnis der vier in ihrer Ehre verletzten Polen einbrannte.

Angeführt von Jan, kamen die vier kurz nach dem Eil-
Abzug der letzten deutschen Soldaten zu Ocktorff, um
sich nach dem Verbleib seiner Pistole zu erkundigen und
deren Herausgabe zu verlangen. Die Pistole trug er immer
umgeschnallt, wenn er zu ihnen auf den Hof gekommen
war, um nach dem Rechten zu sehen. Jeder Ortsbauernführer war obligatorisch Waffenträger. Für alle Fälle.
Man konnte nie wissen. Während sein Kollege aus dem
Nachbarort, den ich immer nur in Holzpantoffeln her-
umschlurfen sah und der sich in ihnen friedfertig verhielt,
wahrheitsgemäß angegeben hatte, seine Dienstwaffe ins
Jauchenloch geworfen zu haben, was er beweisen konnte,
nachdem er bei dem Tauchgang frei nach Friedrich Schil-
ler tatsächlich fündig geworden war, glaubte Ocktorff die
Polen in die Irre führen zu können. Er gab vor, die ge-
suchte Pistole in den Mühlteich geworfen zu haben. Die
vier bestanden auf deren Aushändigung. Ganz egal, wohin er sie geworfen haben mochte. So trieben sie den sich
sträubenden Bauern aus seinem Gehöft, den Berg hinunter, auf die Dorfstraße, erst Richtung Gasthof, dann
durchs Unterdorf Richtung Teich. Teils zerrten ihn zwei,
wenn er sich weigerte weiterzulaufen, teils stießen ihn
die beiden anderen, die sich von irgendwoher Pistolen
beschafft hatten. Am Teichrand behauptete Ocktorff wiederum, eine weit ausholende Armbewegung demonstrie-
rend, die Pistole ins brackige Wasser des mit Schling-
pflanzen zugewucherten und mit Entengrütze bedeckten
Teiches geworfen zu haben, aber nicht mehr zu wissen, an
welcher Stelle sie liegen könnte. Jan befahl ihm, ins Wasser zu steigen und so lange zu suchen, bis er sie gefunden

habe. Die vier postierten sich. Ocktorff sah, sich umblik-
kend, die beiden auf ihn gerichteten Pistolen. Für eine
Flucht, wie sie anderen seinesgleichen in letzter Minute
glückte, war es nun zu spät. Er hatte keine Chance, seinen Rächern zu entkommen. Nachdem er mehrfach auf
dem schlammigen Grund gesucht hatte, vielmehr dies nur
vortäuschte, begannen die zwei Bewaffneten auf ihn zu
schießen. Ocktorff schrie um Hilfe. Doch keiner aus der
Nachbarschaft sprang ihm bei. Obwohl es Zuschauer aus
der Nähe und der Ferne gegeben haben soll, wie mir
ein älterer Junge später versicherte. Jener hatte sich, mu-
tiger als ich und viele andere, auf der Straße herumgetrie-
ben und wurde so Zeuge dieser Abrechnung. Ocktorff
schleppte sich, aus mehreren Wunden blutend, ans Ufer
zurück. Erschöpft und ahnend, was ihm drohte, ließ er
nun wissen, er habe die Pistole im Haus versteckt. Nun
trieben ihn die vier zurück, um die Rechnung vor Ort zu
begleichen, ohne dabei nach Recht und Gesetz zu fragen.
Die waren außer Kraft gesetzt. Ocktorff hinterließ auf der
Dorfstraße eine Blutspur. Er schleppte sich taumelnd in
den Hof, versicherte, die Pistole befinde sich auf dem
Hausboden. Die beiden Unbewaffneten zerrten ihn erst
die Haustreppe, dann die Bodenstiege hoch. Jan nahm die
Pistole in Empfang. Ohne ein Wort zu verlieren, ent-
sicherte er und schoß Ocktorff aus nächster Nähe in den
Kopf. So wurde berichtet. Was immer dabei ausgemalt
worden sein mag, Ocktorff war erst in den Teich getrieben
und anschließend zu Hause erschossen worden. Zeugen
dieses Racheaktes werden nicht mehr am Leben sein. Die
Polen sind kurz darauf mit einem Pferdegespann davonge-

zogen. Was bislang keiner im Dorf spitzbekommen hatte, wurde nun offenbar. Eine der Polinnen hatte ein Kind bei sich, das noch kein Jahr alt war. Niemand, fast niemand hatte davon erfahren. Eine Frau aus dem Gemeindehaus hatte den Säugling so gut versteckt, daß keiner der Anwohner etwas gemerkt hatte von dem »Verbrechen«. Auch späterhin hütete sich jene Frau, ein Wort darüber zu verlieren, wie sie das Würgel fortbekommen und behütet hatte. Als wäre nie ein Schrei aus seiner Kehle gedrungen. Der Vater des Kindes soll Jan gewesen sein. Woher ich das weiß, frage ich mich und muß ich mich wohl fragen lassen. Von ebenjenem Jungen aus dem Häuslerwinkel, der mitangesehen hatte, wie Ocktorff durch das Dorf getrieben wurde. Damals vierzehn Jahre alt und hellwach. Einer, dem nichts entging, der von dem versteckten Kind gewußt hatte, wie er behauptete. Denn die Frau, die das Wagnis auf sich genommen hatte, dem Kind eine Mutter zu sein, war eine seiner vielen Tanten, die ihm Vater und Mutter ersetzen mußten.

Aus fast jedem Haus quollen die Schreckensnachrichten. Wenn es auch nicht überall Tote zu beklagen gab. Wer Vieh im Stall stehen gehabt hatte, vermeldete empfindliche Verluste. Manch ein Bauer stand buchstäblich vor dem Nichts. Alle Pferde weggeführt. Alle Kühe ausgetrieben. Erst aus dem Stall und dann gleich zum Dorf hinaus. Zu Hunderten, wenn nicht zu Tausenden zusammengetrieben und auf die Elbwiesen hinuntergebracht als Reparationsanzahlung. Hie und da war eines der abgetriebenen Tiere liegen geblieben und jämmerlich krepiert. Der nachfolgende Aasgeruch blieb in der Nase.

Einigen wenigen Milchkühen war es gelungen, auszuscheren und sich seitwärts in die Büsche zu schlagen. Andere steckten so tief im Schlamm, daß sie aus eigener Kraft nicht mehr herausfanden. So wurde Nachlese gehalten von den Männern, die sich wieder ins offene Gelände trauten und danach trachteten, wenigstens wieder eine Kuh in den Stall zu bekommen. Aber einer allein schaffte es nicht, solch ein heruntergekommenes, erschöpftes Vieh aus den Schlammlöchern und morastigen Tümpeln zu zerren. Schnell zurück ins Dorf. Kälberstricke gesucht und sich nach mutigen Helfern umgesehen, ehe ein anderer die Beutekuh heimführte.

Als wir Kinder uns wieder im Dorf herumtrieben und unsere Neugier nicht länger zu bezähmen vermochten, sahen wir zu, wie der komplette Restbestand an Milchkühen aus dem Stall jenes Bauern geholt wurde, auf dem die vier Polen die Landwirtschaft bis Kriegsende in Schwung gehalten hatten. Kurzerhand befahlen uns die Soldaten, ihnen beim Treiben zu helfen. Die Dorfstraße hinunter, den Schenkberg hinauf, nach Röhrsdorf hinüber. Jeder von uns hatte sich rasch mit dem erstbesten Stock ausgerüstet, um leichter dirigieren zu können. Immer die Straße entlang. Ein unübersehbarer Zug. Woher nur mochten die Kühe alle genommen worden sein? So halfen wir unfreiwillig mit, das Elend im Dorf zu vergrößern. Keiner unter uns, der nicht als Hütejunge Erfahrungen im Umgang mit Kühen gesammelt hätte. Bevor es nach Röhrsdorf hinunterging, wo die Kühe kaum Möglichkeiten hatten auszubüxen, wurden wir entlassen. Wir hatten alle widerspruchslos getan, was uns geheißen worden war. Zumindest war von Ablehnung und Widersatz nichts laut geworden. Wer weiß, was demjenigen dann passiert wäre. Es lieber gar nicht erst versuchen. Wir hatten tatsächlich zuwege gebracht, daß nicht eine Kuh ausbrach und dem großen Zug entkam. Nun standen wir, wohl wissend, wem wir als Handlanger zu Diensten gewesen waren und was wir angerichtet hatten. Wenn auch nicht freiwillig und schon gar nicht freudigen Herzens. Nun selbst Ausgetriebene. Ohne Tritt Marsch, zurück ins angestammte Dorf. Ein Trupp begossener Pudel. Wieder einer von diesen erlebnisreichen Russentagen, von dem wir zu Hause erzählen konnten. Diesmal war Mutter entsetzt. Andere Mütter reagierten wahrscheinlich ebenso.

Aber nicht nur Pferde und Kühe wurden innerhalb weniger Tage dezimiert. Wo sich ein Huhn erwischen ließ, wanderte es in die Suppenkessel der Feldküchen. Auf der Schäferei lagen Schafs- und Schweineköpfe herum. Sogar die Habenichtse hatten eingebüßt. Wenn nicht das, was sie nie besaßen, so doch Hausrat. Besonders den, der verräterisch tickte. Später, als die Leute ein wenig Abstand zu den turbulenten Ereignissen gewonnen hatten und sich die Ängste aus dem Leib zu treiben suchten, mußten böse Witze herhalten. Vornehmlich solche, die wie Abführmittel wirkten. Also befreiende Wirkung zeigten. So wußte jeder von einem rasselnden Wecker im Rucksack, der von seinem ahnungslosen Träger vor Schreck weggeworfen wurde. Oder, und dies noch öfter, von weggespülten Kartoffeln, was ja wirklich und wahrhaftig einmal vorgekommen sein mag. Allerdings konnte sich letzteres beim besten Willen nicht bei uns auf dem

Dorfe ereignet haben, da dort das Wasserklosett noch nicht erfunden worden war.

Zwar war das Schulhaus längst wieder verschlossen und der Schulhof von den Hinterlassenschaften der deut, schen Soldaten entrümpelt. Aber ein Lehrer war nicht in Sicht. Wir waren uns monatelang selbst überlassen. Auf diese Weise hatten wir Zeit und Muße, gründlich auszu, forschen, was uns der Krieg hinterlassen hatte. Und so spielten wir Trophäenkommission. Ein echter Dörfler war ohnehin darauf geeicht, alles im freien Gelände und mit, unter nicht nur dort auffindbare Strandgut, was noch irgend für brauchbar gehalten wurde, nach Hause zu tra, gen. Da wurde von einem erzählt, er habe einem der toten Panzersoldaten, dem es nicht mehr gelungen war, aus dem brennenden Fahrzeug zu kommen, die Stiefel ausgezogen. Noch als wir wieder nach Kleewunsch zu laufen wagten, uns durch die Trümmerbrocken der gesprengten Auto, bahnbrücke winden mußten, sahen wir zerschossene rus, sische Panzer in den Wiesen oder am Straßenrand herum, stehen. Bis ins nächste Jahr hinein erinnerten sie an die letzte Panzerschlacht, die sich in den letzten Kriegstagen abgespielt hatte, als Kleewunsch noch wahnwitzigerweise von einer ss,Einheit zur Festung erklärt worden war. In einem der umliegenden Dörfer soll damals ein einziger Soldat, der nicht bemerkt haben wollte, daß die Verteidi, ger neben ihm allesamt geflohen waren, drei der anrollen, den Panzer mittels Panzerfaust kampfunfähig geschossen haben. Noch Jahrzehnte später wurde einer dieser Panzer in einem sumpfigen Waldstück, tief in der Struth, ent, deckt. Inzwischen so tief eingesunken und überwuchert, daß man es dabei bewenden ließ, den vormals drehbaren Kommandoturm zu demontieren.

Die Hinterlassenschaften der deutschen Wehrmacht fanden wir beim Stöbern in einem der Steinbrüche wieder, mit denen unsere beiden Dörfer so reich bestückt waren. Fast alle dienten den Dorfbewohnern jahrzehntelang als wilde Müllkippen. Das Sturmgepäck, das die Soldaten auf der Flucht nicht mehr mitschleppen konnten, lag nun zusammengekarrt und breit verstreut im Unrat und war uns hinterlassen. Kaum ein Haushalt, der fortan nicht über mindestens einen Feldspaten verfügt hätte. Als sehr praktische Behälter erwiesen sich neben den filzüberzogenen Feldflaschen und Kochgeschirren die walzenförmigen, gerippten Gasmaskenbüchsen, deren Inhalt wir uns erst einmal probehalber überstülpten, ehe wir ihn in den Unrathaufen zurückwarfen. Fast jeder von uns nahm vorsichtshalber einen Stahlhelm und einen Tornister an sich. Auch wenn sich deren zivile Zweckentfremdung vorerst noch nicht abschätzen ließ und uns nicht in den Sinn kam, daß derlei einmal dekorativen Zierat abgeben könnte. Die weit begehrteren Zeltbahnen waren rasch beiseite gebracht worden. Da kamen wir zu spät. Auch Munitionskisten, von denen uns immerhin eine zugefallen war, gehörten zu den Fundstücken, die sich leicht einer zivilen Verwendung zuführen ließen. Noch nachdem Vater aus amerikanischer Kriegsgefangenschaft zurückgekehrt war, hieß er uns nach brauchbaren Gegenständen Ausschau halten. So waren wir ständig als potentielle Resteverwerter unterwegs. Fanden hier eine Kette, da ein Seil. Trennten die ledernen Schweißbänder aus den Stahlhelmen, schnitten das Riemenzeug von den Tornistern, fahndeten nach Patronentaschen. Wir suchten, womit sich Geschirr flicken und Schuhe reparieren ließen, bis endlich alles verdorben war zu Unrat im Unrat und bis der Kehricht des Krieges, in dem wir so leidenschaftlich gestöbert hatten, mit Erde zugeschüttet und seiner Fossilierung überlassen wurde. Manch einer der Stahlhelme sollte zum Jauchenschöpfer mutieren. Auch soll es vorgekommen sein, daß sie von den Legehennen als Eiernester angenommen wurden. In den Nachkriegsjahren bewährten sich jene Tüftler und Bastler, die sich aufs Umfunktionieren und auf die verwegenste Zweckentfremdung verstanden. So wie Vater in einem Teerfaß ebenjene Wassertonne fand, die er so dringend brauchte, um die Gemüsekulturen auf dem Feld nicht abbrennen zu lassen.

Sowohl während der Kriegsjahre und erst recht in der darauffolgenden Zeit gab es längere Phasen, in der Feldarbeit vor Unterricht ging. Bereits von früher Kindheit an war ich daran gewöhnt worden, eingeleitet von Spielen auf dem Acker und so zu nützlicher Mitarbeit hingeführt, daß es sich so gehörte und mir ebenso wie anderen Jungen meinesgleichen zukam, mich in der Landwirtschaft zu tummeln, die so viele fleißige Hände brauchte und so unendlich viele Handgriffe erforderte. Sei es bei der Heuernte, wo vor allem die Füße gefragt waren, oder auf dem Kartoffelacker, wenn herbstens Zeile um Zeile geschleift und deren kostbarer Inhalt mit einem Roder ausgeschleudert wurde. Als es galt, Bauer Risses riesiges Möhrenfeld von allen ungebetenen Kräutern zu befreien, half ich Mutter, die neben vielen anderen Frauen darauf bedacht sein

mußte, in Reihe mitzuhalten. Aber am ausgiebigsten habe
ich Rüben verzogen. Wer weiß, wie viele Kilometer die
allein mir anvertrauten Zeilen ergäben, addierte man
deren Längen. Die freilich nichts sagen von der Geduld,
die aufzubringen war, und von den Gefühlen schierer
Verzweiflung, wenn das Ende der Zeile jenseits der Sicht‑
grenze lag. Teils war das Arbeit, die freiwillig nach dem
Unterricht geleistet wurde. Für einen Stundenlohn von
fünfundfünfzig Pfennigen. Einmal fiel ich dabei un‑
angenehm auf, weil ich als einziger fürwitzigerweise eine
Armbanduhr trug, aus dem Apothekenschränkchen ent‑
nommen. Das galt als pure Angeberei. Der Bauer, der
mit einer Rübenhacke kontrollierend hinter uns herlief,
konnte Kinder, die sich so etwas Ungebührliches anmaß‑
ten, nicht leiden. Und so toffelte er mich dementsprechend
ab. Ich war still und sagte nichts. Wer aufmuckte oder gar
freche Reden führte, die einen als Unkrautbauern betitel‑
ten Besitzer ins Mark der Ehre trafen, mußte damit rech‑
nen, des Feldes verwiesen zu werden. Meist war das
Rübenverziehen vom Lehrer anbefohlen. Anschauungs‑
unterricht in freier Natur. Da hatte jeder Schüler und jede
Schülerin gleichberechtigt, gleichverpflichtet anzutreten,
mitzumarschieren bis zum Feldrand, wo ihm wie ihr eine
der verkrauteten Endloszeilen zugewiesen und zugemutet
wurde. Und manch einer mag bei dieser altmodischen
Vereinzelung gedibbelter Rüben, für die es bis heute keine
probate Maschinerie gibt, mehr gelernt haben als im Klas‑
senzimmer. Wer es nicht mehr schaffte, sich auf den Bei‑
nen stehend voranzuarbeiten, mußte eben die Handarbeit
als Knierutscher fortsetzen, ganz gleich, wie feucht oder

trocken der Boden war. Mir will es rückblickend scheinen, als hätte die neue Zeit für die Schüler der höheren Klassen, in die ich aufgerückt war, vornehmlich aus Feld- und Waldarbeit bestanden. Auf den Feldern waren Kartoffelschläge zu säubern. Wenn die verholzten Meldebäume herausgezerrt werden mußten, kam fast immer ein Kartoffelnest ans Licht. Im Wald galt es Brombeerblätter zu schneiden und in Säcke zu stopfen, deren Inhalt bald den gesamten Schulboden bedeckte. Es war die Hohe Zeit der Heilkräuter, die nun alle Wunden und Gebresten heilen helfen sollten. Die Brombeerbestände in der Eichlehde, uns nur als Eechlücke bekannt, scheinen sich von jener Vollernte nie wieder erholt zu haben.

Eines Tages hatte uns doch das Klassenzimmer wieder in seine Gewalt gebracht. Nun jede Klasse nur aus zwei Jahrgängen bestehend. Also halbiert. Womit unsere Lehranstalt von einer zweistufigen Volksschule zu einer vierstufigen Grundschule erhoben worden war. Da trat ein junger, uns völlig unbekannter Lehrer ins Zimmer. Begleitet von zwei älteren Sachsdorfer Männern, die nun die Ortsgeschicke lenkten und die Oberhoheit über unsere Schule übernommen haben mußten. Der alte Lehrer, mit dem wir wochenlang um die Wette auf den Knien gerutscht waren, um so die Grundlage für eine reiche Runkel- wie Zuckerrübenernte zu schaffen, war spurlos verschwunden. Freilich nur vorübergehend. Später sollte er wieder auftauchen und als entnazifizierter Altlehrer fortfahren dürfen. Als dies geschah, hatte ich in der Schule zu Sachsdorf nichts mehr verloren. Jetzt aber, 1946, waren erst einmal neue Lehrer gefragt. Kaum hatten wir uns an

einen von diesen neumodischen Neulehrer-Jünglingen gewöhnt, wurde uns schon wieder der nächste Kandidat
vorgesetzt, weil sein Vorgänger einen Weiterbildungslehr-
gang zu absolvieren hatte. Der erste Neulehrer, der es auf
sich nahm, uns theoretisch mit der Neuen Zeit bekannt zu
machen, war einer jener Kriegsheimkehrer, wie sich damals so viele auf dem Lande einfanden. In der nicht gänzlich unbegründeten Hoffnung, den grassierenden Hunger
dort leichter bekämpfen zu können. Am begehrtesten waren Anstellungen als Landarbeiter auf Zeit bei einem der
Bauern. Aber es waren daneben andere, wenn auch weniger nahrhafte Beschäftigungen zu finden. Immerhin war
man selbst dann auf einem Bauerndorf den Quellen der
Ernährung erheblich näher als die Stadtbewohner. Möglicherweise hatte ebendies unser erster Neulehrer, ein Herr
Steinbrecher, ins Kalkül gezogen, als er, eben aus Kriegsgefangenschaft nicht heim-, aber doch zurückgekehrt, erfuhr, daß auf dem Lande dringend Neulehrer gesucht
würden und man nach einem nur sechs Wochen währen-
den Schnellsiedekurs dieses Amtes walten könne. Herr
Steinbrecher wird wohl aus Schlesien oder Ostpreußen
gestammt haben, was eine Rückkehr ausschloß. Gleichzeitig gehörte er zu jenen, die nun mit weniger als nichts
neu zu leben beginnen mußten. Aller irdischer Güter ver-
lustig gegangen. Auf der Suche nach Familienangehöri-
gen. Die beiden uns wohlbekannten Männer wollten die
Neue Zeit in unsere Schule bringen. Was den einen der
beiden dazu veranlaßte, sich zu einer annähernd kindgemäßen Rede aufzuschwingen, was zu üben er zuvor nie
Gelegenheit gehabt hatte. Der andere, nicht minder als

Redner vor Schülern geschult, schloß sich erleichtert seinem Vorredner an. Neulehrer Steinbrecher hatten sie als
Beweisstück für ihre verheißungsvolle Verkündigung in
die Mitte genommen. Nach dieser kurzen Vorstellung, mit
der wir Ahnungslosen, Unterbelichteten der Schulreform
demonstrativ teilhaftig geworden waren, blieb es Herrn
Steinbrecher überlassen, das Reformwerk in eigener Regie
fortzusetzen. Das heißt, er versuchte uns das Wenige, das
in unsere Köpfe so schwer hineinpaßte, auf ganz neue
Weise beizubringen. Und so tat er, was die Lehrer vor ihm
getan hatten. Er übte mit uns vorwiegend Schreiben und
Rechnen, soweit dies die vier Grundrechenarten nicht allzuweit überstieg. Lesen war nicht gut möglich, da wir den
Unterricht ohne alle Lehr- und Lesebücher fortzusetzen
gezwungen waren. Zunächst war es schwierig, Schreib-
und Rechenhefte aufzutreiben. War eines vollgeschrieben,
stellte der Lehrer eine Dringlichkeitsbescheinigung aus,
die beim Kauf vorzulegen war. Ich hatte das Glück, über
einen ansehnlichen Vorrat von Heften zu verfügen. Auf
den Schreibheften stand »Quaderno«. Wie Vater an die
für italienische Schüler bestimmten Hefte gelangt war,
ohne jemals in Italien gewesen zu sein, habe ich nie erfahren. Sie waren vorhanden und damit hatte sich's. So sah
ich mich außerstande, Herrn Steinbrecher eine schlüssige
Erklärung abzugeben, woher die exotischen Schreibhefte
stammten. Vielleicht waren sie bereits zu jener Zeit nach
Deutschland gelangt, als Italien mit Deutschland im
Bunde war. Möglicherweise als Ersatzlieferung für aus-
stehende Südfrüchte. Irgendein Koppelgeschäft, das mich
nun begünstigte. Oder waren diese Hefte nicht eher in

Deutschland produziert worden und dann infolge des Achsenbruchs nicht mehr ihrer ursprünglichen Bestimmung zugeführt worden?

Mittels eines lilafarbenen DIN-A-5-Blattes, auf dem das russische Alphabet in kyrillischen Schreib- und Druckbuchstaben aufgelistet war, sollten wir an die russische Sprache herangeführt werden, was jedoch praktisch nicht zu bewerkstelligen war. Das eine oder andere Wort hatten wir Kinder von den zu Zwangsarbeit deportierten Landarbeitern, die ein »OST« auf dem Jackenrücken zu tragen hatten, aufgeschnappt. Allem voran saftige Flüche. Die ersten zwei russischen Soldaten, die unser Haus betraten, wollten zunächst wissen, ob wir Pferde besitzen, was wir guten Gewissens verneinen konnten und mußten. Unser Stall war damals nur auf ein Schwein und zwei Ziegen ausgelegt. Und nicht mal die gab es mehr, seit Großmutter abgeholt worden war. Ebenso interessierte sie, ob wir nicht vielleicht deutsche Soldaten unter den Dielen versteckt hielten. Auch damit konnten wir nicht dienen. Auf diese Idee waren wir nicht gekommen. Und wenn, dann hätten sich die Soldaten andernorts unsichtbar gemacht. Erst Jahrzehnte später, als ich von Swetlana Geier in Dostojewskijs Schlüsseltext »Pod polje« eingeführt wurde, dämmerte mir, warum die Soldaten vermuteten, wir könnten jemand unter den Dielen versteckt haben. Das war typisches russisches Pod-polje-Denken. Da sie nicht die einzigen blieben, die uns diese beiden Fragen stellten, prägten sich diese Vokabeln rasch ein. Bald aber wurde jedes Gespräch mit dem schlichten, aber inhaltsschweren Aussagesatz eröffnet: »Woina kaputt.« Auch dies verstanden wir.

Als Andenken an Herrn Steinbrecher, der sich späterhin einen Namen als Slawist machen sollte, blieb jenes lila
Blatt, das so gut gemeint, aber nur Ausdruck totaler Hilf-
losigkeit jenes Neuanfangs war. Außerdem entsinne ich
mich an einen Aufsatz, in dem wir das Frühjahrshoch-
wasser beschreiben sollten, während dem die Wilde Sau
endlich wieder einmal ihrem Namen Ehre gemacht hatte.
Was mir als nicht betroffenen Bergbewohner zu dem Na-
turereignis einfiel, nimmt sich beim Wiederlesen so er-
schreckend armselig aus, daß ich mich der geschönten
Ausdrucksnote, die mir immerhin Mittelmäßigkeit bescheinigt, schäme. Der Ausdrucksschwächling muß tatsächlich ich gewesen sein. Schwamm drüber.

An den Nachmittagen versuchte sich der Neulehrer im
Dorf nützlich zu machen bei Leuten, die Hilfe brauchten.
Von den Lebensmittelrationen, die ihm offiziell zugebil-
ligt wurden, vermochte er nicht zu existieren. Einmal sah
ich ihn wie viele andere auch einträchtig erwartungsvoll
am Feldrand sitzen. Ein jeder gewärtig des Kommandos:
»Auf die Plätze, fertig, los!« Dies gab der Bauer, dem der
Acker gehörte, wenn er meinte, gründlichst abgeerntet zu
haben, nachdem er kreuz und quer mit den Eggen dar-
übergefahren war. Die hufeisenförmigen Hacken und
vielzinkigen Krelle waren bereits in Hackstellung gebracht. Der Neulehrer trug eine Windjacke, die aus einer
Zeltbahn geschneidert worden war. Sein Rucksack, rot-
weiß-gestreift, hatte vormals als Inlett gedient. Ein andermal sah ich ihn bei einem der auf Ziegenzucht spezialisierten Häusler, deshalb Ziegen-Mäbert genannt, auf
dem Stalldach hocken, Dachpappbahnen ausrollen und

auf gleiche Länge schneiden mit einer scharfen Beil-
schneide. Den kostbaren neuen Dachbelag nagelte er mit
gutgezielten Hammerschlägen fest. Der Besitzer war zu
gichtig, um diese Arbeit selbst verrichten zu können. Die
Dachpappnägel, kostbarer als alle anderen Zutaten, hatte
sich einer der Kleewunscher Dachdecker abhandeln lassen. Gegen Ziegenmilch, Quark und Butter. Reichlich
Kartoffeln als Zugabe. Wenn das reicht.

So schlug sich Steinbrecher, wenn es sein mußte, auch
als solcher, durch die Hungerzeit, von der wir Kinder zu
Haus ein Lied zu singen wußten. Trotz der zwei Scheffel
Bodenreformland. Hieß es nicht bei jeder Gelegenheit,
wer suppt, lebt lange? Früh Roggenmehlschlunze mit ansehnlichen Klunkern. Mittags Zuselsuppe, deren Grundlage drei geriebene Kartoffeln abgegeben hatten. Ein
Gericht, für das es nur ein Rezept, aber vielerlei Benen-
nungen gab. Manch einer löffelte seine Rotzfadensuppe
und ließ sich den Appetit nicht verderben. Am widerwärtigsten war mir jedoch Kürbissuppe, zumal sie nie
passiert aufgetischt wurde und so häufig auf dem Speiseplan stand, daß sie mich anwiderte. Ausgequollene Wei-
zenkörner wurden hingegen als Delikatesse genossen,
mochte der Pamps noch so klebrig und zäh sein. Steinbrecher ließ sich seine Freizeitbeschäftigungen verständlicherweise in Naturalien auszahlen, wobei er da nicht
wählerisch sein konnte und mochte. Und er machte er-
staunt die Erfahrung, daß er bei den sogenannten »kleinen
Leuten« immer besser entlohnt wurde als bei den Bauern.
Diese hatten gelernt, zu ihren Gunsten zu handeln und
Tauschgeschäfte abzuwickeln. Der Hunger diktierte. Er

drückte das Quantum. Und rechnen konnte ein Bauer allemal. Kurz nachdem ich bei einem meiner Streifzüge beobachtet hatte, wie sich Neulehrer Steinbrecher als Dachdecker bewährte, Nagel um Nagel einschlagend, die breiten Köpfe waren schwer zu verfehlen, muß er verunglückt sein mit dem vollen heißen Teereimer, der am Boden an einem kleinen Holzfeuerchen auf zwei Ziegelsteinen erhitzt worden war, bis er streichfähig wurde, so wie es auch Vater tat, wenn er unser Stalldach zu teeren hatte. Als Steinbrecher den schweren Eimer von der Leiter aufs Dach heben wollte, rutschte er aus und goß sich den Inhalt, der mit dem Teerbesen schön gleichmäßig zu verstreichen gewesen wäre, selbst über. Der Teer war nicht zu retten. Aber dem Unglücksraben wußte Ziegen-Mäberts Frau zu helfen. Sie opferte das ihm zugedachte Stück Butter, um ihm die Schwärze, die ihn in einen Teufel verwandelt hatte, aus dem Gesicht und von den Händen zu reiben. Nie wieder hat sich unser Neulehrer als Dachdecker versucht.

Kurz nachdem ich sang- und klanglos, ohne Prüfung, ohne irgendeine Verabschiedungszeremonie, die Schule verlassen hatte, rückte ein Fräulein Lehmann, achtzehn Jahre alt, als Neulehrerin nach. Bald stellte sich heraus, daß einige der Dorfjungen schon vor drei Jahren in anderer Gestalt mit ihr Bekanntschaft geschlossen hatten. Damals hatte sie ein Landjahr bei Bauer Zschunke absolviert. Allerdings nicht als Pflichtjahrmädchen, sondern als Osterjunge verkleidet. Von keinem der Jungen war damals der Geschlechtertausch bemerkt worden. Der eingeweihte Bauer hatte geschwiegen wie das Grab. Er konnte über die Anstelligkeit der Arbeitskraft mit dem Stop-pelschnitt nicht klagen. Und auch von den zahlreich ausschwärmenden Soldaten der Siegerarmee hatte zum Glück keiner bemerkt, daß der Junge die personifizierte Camouflage abgab. Die Verstellungskünste erfüllten ihren Zweck. So kam das als Osterjunge getarnte Mädchen aus Kleewunsch unbehelligt über die Russentage.

Drei Jahre später freilich, als einer das Geheimnis lüf-tete, dem Bauer Zschunke nun doch wohl etwas gesteckt haben mochte, hatten einige Schüler ihre liebe Not, in dem Stallknecht, mit dem sie einst so traulich Kühe gehü-tet hatten, eine Lehrerin zu erblicken, nach ihrer Pfeife zu tanzen und sie jetzt als eine Respektsperson namens Fräu-lein Lehmann anzunehmen.

MÜCKENFETT

Die Nachkriegswirren hatten die Dörfer in Durch-
gangslager verwandelt. Das einheimische Idiom
war sich plötzlich seiner selbst gar nicht mehr so sicher, als
sich ostpreußische und niederschlesische Klangbilder da-
zwischenschoben. Aber auch die Bauern aus der Buko-
wina, aus Hinterpommern, aus dem Warthegau, die Leute
aus dem Memelgebiet und aus Böhmen, die der verlorene
Krieg auf die Dörfer gestreut hatte, redeten dazwischen.

Gesichter tauchten auf und verschwanden, ehe man sie
sich einprägen konnte. Die Geschichte hatte mit einem
großen Kehrbesen gearbeitet und die Menschen wie Kehricht durcheinandergewirbelt. Auf diesen Kehraus waren
die Dörfer nicht eingerichtet. Jede noch so erbärmliche
Knechtskammer, jedes Bodengelaß wurde zum Obdach
ganzer Familien. Die Eingesessenen mußten zusammen-
rücken, ob sie wollten oder nicht. Keiner tat dies freudigen
Herzens. Allenfalls schickte man sich ins Unabänder-
liche. Es gab allerdings auch hartgesottene Christenmen-
schen, die sich bockbeinig zeigten. So kam es mitunter
vor, daß eine Mutter mit ihren drei Kindern eine Nacht
lang bei strömendem Regen vor verriegeltem Tor hocken
mußte. Dann bedurfte es handfester Zeichen, um den
Verstockten und Hartherzigen beizukommen.

Bereits in den letzten Kriegsmonaten zogen fast täglich
Bauerntrecks durch die Dörfer. Ging es bergab, schwitzten

die Eigentümer der mit Hausrat hochbepackten Wagen Blut und Wasser. Denn bei ihnen zu Hause in der Ebenheit war keinerlei Bremswerk vonnöten gewesen. Anstelle der Schleifklötzer, die mit einer Spindel festgezogen werden konnten, banden sie irgendeinen armdicken Baumstamm, den sie von beiden Seiten mit aller Wucht andrückten, ohne den Wagen unter Kontrolle halten zu können. Einer dieser Trecks blieb in den fast leeren Pferdeställen des Ritterguts und rührte sich nicht mehr von der Stelle. Die Bauern wußten nicht weiter. Ein Ziel gab es für sie nicht. Entnervt und überanstrengt von den nicht enden wollenden Berg- und-Tal-Fahrten, ließen sich sich nun von der Kriegswalze überrollen. Die Pferde, ihr kostbarstes Vermögen, waren abgetrieben. Das Risiko, daß sie den halsbrecherischen Strapazen eher zum Opfer fallen würden als ihre Besitzer, war zu groß geworden. Als im Jahr 1946 das Ritter-gutsland in vierundzwanzig Neubauernstellen parzelliert wurde, stellten die Bauern aus Niederschlesien, von denen es den meisten gelungen war, ihre Pferde durch die Nach-kriegswirren zu bringen, das stärkste Kontingent. Und da sie es gewohnt waren, selbständig zu arbeiten, kamen sie mit der Bewirtschaftung der fünf Hektar Ackerland weit besser zurecht als die ehemaligen Gutsarbeiter, denen bis-lang der Inspektor oder der Leutevogt das Tagewerk all-morgendlich vor der Stalltür zugewiesen hatte.

Die Leute aus Königsberg, Memel, Tilsit, Insterburg und Allenstein trafen mit der Bahn ein. War wieder ein neuer Transport gemeldet, hatten wir als Kinder der Ein-gesessenen mit einem Handwagen ausgerüstet am Halte-punkt zu stehen, um beim Transport der Koffer und Bündel behilflich zu sein. Dann gab es aber noch so viele andere, von denen keiner im Dorf so recht wußte, woher sie gekommen waren. Sie tauchten auf, als hätte sie der Wind hereingeweht. Nur wenige von ihnen schlugen Wurzel. Der taubstumme Schuhmacher Knispel mag es ein, zwei Jahre ausgehalten haben. Den Leuten, die unter ihm wohnten, ist er vor allem deshalb in Erinnerung geblieben, weil er jeden Morgen Punkt sechs über ihrem Schlafzimmer Holz zu hacken begann.

Ein eigenartiger Vogel war Herr Jungbarth. Er ging dem ersten Bürgermeister der Neuen Zeit, einem Sozialdemokraten, der dieses Amt schon vor 1933 innegehabt hatte, zur Hand als Adjutant und Dolmetsch. Es hieß, Herr Jungbarth sei ein Baltendeutscher. Auf alle Fälle war er der einzige Mensch im Dorf, der die russische Sprache beherrschte und die kyrillischen Buchstaben schreiben konnte. Für jeden Hausbesitzer, gleich welcher Profession und Farbe, zimmerte er in aller Bescheidenheit einen proletarischen Ahnenpaß, der aus einer hölzernen Tafel bestand. Dieser Ausweis bescheinigte eine einwandfrei antifaschistische Vergangenheit und proletarische Herkunft. Es sollte der fremden Sprache mächtige Eindringlinge abhalten, mehr so eine Art Feuersegen: Gott schütze unser Haus ... Jungbarth ließ es sich nicht nehmen, gegen ein kleines Entgelt, in Naturalien, versteht sich, seine gleichlautenden Thesen, die er fleißig gepinselt hatte, eigenhändig an jedes Haus- und Hoftor zu schlagen. Sein reformatorisches Werk schmückte noch jahrelang die Straßenfront. Selbst als seine nicht immer hilfreichen Bemühungen gegenstandslos geworden waren, traute sich kein Hausbesitzer, den Schutzbrief schnöde zu entfernen. Solche und ähnlich mysteriöse, um nicht zu sagen zwei/felhafte Existenzen wie Knispel, Jungbarth tauchten aus dem Nichts auf und verschwanden dann aus dem Dorf/bild, ohne daß die alteingesessenen Dorfbewohner je einen von ihnen wieder zu Gesicht bekamen.

Eine dieser Gestalten, die gleichsam nur als Schatten ihrer selbst mit den Annalen der Dorfchronik kollidierten, hieß Mückenfett. Seinen richtigen Namen kannte niemand. Seine bescheidene Habe trug er ständig am Leibe: einen ausgefransten schwarzen Anzug und einen steifen dunk/len Hut, einer vergangenen Mode zugehörig. Der feier/liche Aufzug mit Hartmann wurde lediglich von einem Rucksack gemildert. Er bewohnte eine Knechtskammer im Seitenflügel eines Bauernhofes, Misthaufen und Jau/cheloch vor der Nase. Der unter seinem Notquartier befindliche Kuhstall sorgte dafür, daß die Heerschar von Fliegen nicht abnahm, mochte er noch so eifrig danach trachten, sie zu dezimieren.

Auch wenn Mückenfetts schwarzer Anzug ein aus/gesprochenes Glanzstück geworden war, das sich mit Kaffeesatz nicht mehr renovieren lassen wollte, vermochte er nicht darüber hinwegzutäuschen, daß von ihm eine ge/wisse Würde ausging. Eine Merkwürdigkeit, wie sie viel/leicht einem Beamten zu Gesichte steht. So jedenfalls sah Mückenfett aus, aber dafür war derzeit kein Bedarf, und schon gar nicht hätte er sich damit über Wasser halten können. Deshalb hatte er, der Not gehorchend, die be/kanntlich erfinderisch macht, umgesattelt auf Geschäfts/

mann. Seine Geschäfte trugen ihn über Land. Und er war
darauf bedacht, seinen Kundenkreis ständig zu vergrößern. Hatte er es sich doch zum Prinzip gemacht, nur ein
einziges Mal aufzutauchen. Er handelte mit Schuhwichse
und Schnürsenkeln, von denen er einen unerschöpflichen
Vorrat zu haben schien. Weiß der Himmel, wie er zu diesen Nachkriegsraritäten gekommen sein mochte. Über
Absatzschwierigkeiten brauchte er sich nicht zu beklagen. Die Landbevölkerung griff zu, ohne viel zu fragen.
Immerhin gehörte er zu jenen Hausierern, die wirklich
etwas Brauchbares anzubieten hatten. Wo Mückenfett
eine Chance sah, verwandelte er den ambulanten Ruck-
sackhandel in eine fliegende Tauschzentrale. Kartoffeln,
Zwiebeln, Gerste, Quark und alles, was sich als eßbar er-
wies, nahm er gern in Zahlung. Am liebsten jedoch tätigte
er seine Geschäftsabschlüsse auf der Basis der Eierwäh-
rung. Darauf verstand er sich. Ein Paar Schnürsenkel gegen zwei Eier, bitte sehr. Eine ganz reelle Sache.

Die Leute des Dorfes waren dem schwarzen Mann mit
dem städtischen Hartmann nicht sehr zugetan, um es vor-
sichtig, ganz behutsam auszudrücken. Dieser stille Bewohner über dem Kuhstall hatte etwas Unheimliches an
sich, wie sie meinten. Guten Weg, guten Steg, damit hatte
sich für ihn die Kommunikation mit der Dorfbevölkerung. So selten zu Hause, immer unterwegs. Wohin er nur
immer laufen mochte? Ein Hergelaufener, der nichts von
seinem Vorleben preisgab und über den niemand etwas zu
sagen wußte. Daß er seine Ware nur nach außerhalb
schaffte, war nicht dazu angetan, das Mißtrauen ihm gegenüber abzubauen. Aber bald sollten die neugierigen

Dorfbewohner ihren Triumph haben und ihr eingefleischtes Mißtrauen, von dem es bis zur Mißgunst allemal nur
ein kleiner Schritt ist, vollauf gerechtfertigt sehen. Und
wie standen sie dann da. Habe ich es nicht gleich gesagt!
Ich wußte doch, daß der Kerl keine reine Weste hatte!

Mückenfett wurde einer kleinen Unredlichkeit geziehen und deshalb samt Rucksack verhaftet. Wo will der
Rucksack mit dem Mann hin, hatten sie immer gerufen,
wenn er kurzbeinig anmarschiert kam in einem Aufzug,
der sich so wenig ins schickliche Dorfbild einfügen wollte.
Bis hierher und nicht weiter, hatte einer gerufen. Er hatte
Mückenfett einen üblen Betrüger geheißen. Und dieses
Wort hatte sein Gewicht. Es zog den, dem es angehängt
wurde, unweigerlich nach unten. Nur, Mückenfett war
doch schon ganz unten. Wo sollte er noch hinkriechen?
Jetzt, wo es heraus war, daß er seine Zeitgenossen gefoppt
hatte. Nein, sie ließen sich von so einem nicht hinters
Licht führen. Und dabei waren sie schon viel größeren
Gaunern aufgesessen. Pferdedieben und Roßtäuschern
ganz anderen Kalibers. Mückenfett war im Vergleich zu
ihnen nicht mehr als eine Mücke. Er hatte sich halt gedacht, wenn man den Brotaufstrich streckt, warum nicht
auch die Schuhcreme. Es wurde in jenen Jahren so viel Ersatz erfunden und geschaffen. Mückenfett hatte sich eben
auch nach der Decke gestreckt und war dabei mit seinem Hartmann unsanft angestoßen. Angeeckt. Ein eiliger Kunde, der seine als prima Friedenswarc gepriesene
Schuhcreme von der Hand weg probiert hatte, mußte ausgerechnet eine Dose erwischt haben, in der sich die Creme
arg verflüchtigt hatte. Dieser Mitmensch verstand keinen

Spaß. Im Handumdrehen machte er das Gewerbe ohne Gewerbeschein, dem Mückenfett mit solcher Hingabe nachgegangen war, zunichte. Er zerdrückte die Existenz des kleinen schwarzen Mannes, der eben erst zum Tor hinausgegangen war, als handle es sich um eine Fliege. Der Ortspolizist packte den Schwindler am Schlafittchen. Von Stund an wurde Mückenfett nicht mehr im Ortsbild gesehen. Nur seine nicht sonderlich lustige Geschichte ist geblieben. Er selbst hat in eine Nachkriegslegende Einzug gehalten.

Der Mann im schwarzen Anzug und steifen Hut hinweggenommen wie Knispel, Jungbarth und all die vielen andern Durchzügler. Eine solche bunte Fülle wurde den Dörflern nie wieder geboten wie in jenen Hungerjahren: Hofsänger, Bildchenhändler, Teppichverkäufer, Fechtbrüder, Irrläufer, Hundefänger, Hufnägelbeschaffer, Ölmüller, Brosamensammler, Kartenhexen, Naturapostel, Vegetarier wider Willen, Spiegelfechter, Ohrenbläser, Galgenvögel, Schöngeister, Scharlatane, Dreck am Stecken, dunkle Sprüche im Munde. Schofle Zentrifugenund Treibriemenschieber, Sympathisanten des Landlebens auf Zeit, Tischgäste der Armut. Eine Legion von umgetriebenen Zeitgenossen auf Nahrungssuche. Auf der anderen Seite der Medaille die Nutznießer des Elends, jene, denen man nachsagte, sie hätten die Kuhställe mit Teppichen ausgelegt.

Schattenhaft geistern sie alle durch meine Erinnerung als Flattergeister jener unruhigen Jahre, in denen es wohl Steine, aber immer viel zu wenig Brot zu beißen gab.

SCHULSPEISUNG

An einem Julitag des Jahres 1945 fuhr ich mit Vater, der vor wenigen Tagen aus amerikanischer Kriegsgefangenschaft entlassen worden war, zum erstenmal in meinem Leben nach Meißen. In die Kreisstadt, fünfzehn Kilometer von unserem Dorf entfernt, aus dem ich bislang kaum herausgekommen war. Der Motorradrennfahrer Walter Jentzsch, Sohn des Rittergutsschmiedes, habe diese Distanz in zehn Minuten bewältigt, wurde erzählt. Wie eine Siegesmeldung. Mit dem Brustton des Stolzes und der Bewunderung. Solch einen Teufelskerl hat unser Dorf aufzuweisen. Aber der Rennfahrer Walter Jentzsch, der Flugzeugpilot geworden war, hatte den Krieg nicht überlebt. Wie er sollten viele andere Männer nicht mehr ins Dorf zurückkehren. Sie waren gefallen, ihren Verwundungen erlegen oder blieben verschollen. So manch Siebzehn und Achtzehnjähriger kam noch in der Endphase des Krieges ums Leben.

Für mich war dieser Tag nicht nur ein Abenteuer. Er bot die günstige Gelegenheit, einer Aufforderung nicht nachzukommen. Denn just an diesem Tage sollten alle Schulbücher abgeliefert werden. An Unterricht war längst nicht mehr und noch lange nicht zu denken. Ich war nicht bereit, mich auch nur von einem meiner Bücher zu trennen. Buchbesessen und buchhungrig, wie ich bereits damals war. Eine dem Büchermangel geschuldete

Sucht. Jedes Buch eine Kostbarkeit, selbst wenn mich der Inhalt nicht betraf. Die Groschenhefte »Der Schießhans vom Grenzwald« und »Trommeln am Mohawk« gehörten ebenso dazu wie ein Taschenkalender für die Liebhaber von Portlandzement, bestimmt für das Jahr 1919. Und welche Rolle spielten in dieser Bibliothek in statu nascendi erst die Lesebücher, die eigenen wie die von Vater und Stieftante hinterlassenen. Um und um ausgelesen, wenn nicht schon zerlesen. Also wirklich und wortwörtlich das, was sie vorgeben zu sein: Lese-Bücher. Bis auf die völlig zerfledderte Fibel, die bereits seit Jahren weitergereicht worden sein mußte, deren lose Blätter sich in nichts aufgelöst haben mochten und die nun nicht mehr mitzählte, hütete ich das gelbe, für die zweite Klasse bestimmt, das rote, für die dritte und vierte Klasse zugeschnitten, das dicke blaue, für fünftes und sechstes Schuljahr vorgeschrieben. Dazu das nicht mehr aktuelle grüne, das wohl zu wenig Propaganda für den Krieg machte. Das schönste, mir liebste Lesebuch, das ich wie meinen Augapfel hütete, hatte Tante Martha gehört, die ich nie sah, weil sie sich mit Vater oder er mit ihr bis über den Tod hinaus verkracht hatte. Warum, sagte er nicht. Über diesen interfamiliären Kasus wurde peinlichstes Stillschweigen bewahrt. Nicht die geringste Andeutung gibt mir die Möglichkeit zu vermuten, was zu der Feindseligkeit führte. Rätseln kann man, aber wo anfangen, wo aufhören? Tante Martha war seine Stiefschwester, viel älter als er. Unehelich geboren wie ihre Mutter.

Jene Fahrt an einem glühheißen Sommertag des chaotischen Jahres hat sich mir – im Gegensatz zu vielen anderen, die späterhin zu bestehen waren – besonders nachhaltig eingeprägt. Es verkehrte ein Zug, der aus einer Dampflokomotive und zwei Güterwagen bestand. Einen Fahrplan dafür gab es nicht. Der Wagen, der uns beförderte, war überdacht. Und er bot den Passagieren viel Raum, jedoch keinerlei Sitzgelegenheiten. Die Schiebetür blieb während der gemächlichen Fahrt geöffnet. So konnte ich die Landschaft ausgiebig betrachten. Auf den ersten Blick schien sie sommerlich friedlich und vorwiegend grün. Man saß auf dem nackten Bretterboden oder lehnte an der Plankenwand. Einigen wenigen war es geglückt, an der Öffnung zu sitzen und die Beine zum Waggon hinaushängen zu lassen. Von der Endstelle Triebischtal, die ich in den Folgejahren oft genug frequentieren durfte, liefen wir, Vater und ich, in die Stadt, zum Landratsamt. Ein mir ob seiner kasernenartigen Ausdehnung und Weitläufigkeit unheimlicher Bau, der von mir auch späterhin immer nur mit Beklemmungen und innerer Abwehr betreten wurde. Längs der Triebisch, der wir folgten, lagerten Menschen mit hochaufgetürmten Habseligkeiten. Ehemalige Deportierte und Zwangsarbeiter, wie ich sie von unserem Dorf kannte. Sie sammelten sich und warteten auf einen Transport, der sie nach Frankreich, Litauen, Polen, in die Ukraine, in die Tschechoslowakei, nach Jugoslawien zurückführte. Manche hatten kurzerhand aus verständlicher Ungeduld Gespanne requiriert und sich auf eigene Faust in die Heimat durchzuschlagen gesucht. In unserem Dorf waren die polnischen Kriegsgefangenen mit Pferdegespannen losgezogen, während die sechs Franzosen, unter ihnen Anton, ein aus Frankreich stammender Pole, sich mit Hilfe zweier Ochsengespanne des Ritterguts, die sie bis zum Ende ihrer Gefangenschaft kutschiert hatten, auf den Weg machten. Nie war zu hö= ren, ob die Ochsen bis Frankreich durchhielten und ob die Rückkehrer die Geduld aufbrachten, sich mit dem Ochsentrott zu bescheiden.

Vater gedachte, sich der Neuen Zeit als Dorfpolizist zur Verfügung zu stellen. Wer ihm dies einblies oder wie er darauf verfiel, weiß ich nicht. Lauter ungefragte Fragen, auf die es nie mehr eine Antwort geben wird. Was er in der Amtsstube verhandelte und unterschrieb, blieb seine Sa= che. Das einzige Ausrüstungsstück, das ihm damals aus= gehändigt wurde, war eine rote Armbinde. Alles andre hatte er aus dem eigenen Kleiderschrank zu nehmen. Mit seiner Luftwaffenuniform, schwingen= und winkellos, avancierte er nun sogleich zum Polizisten in provisori= schem Aufzug, nicht so leicht als Abgesandter der neuen Ordnungsmacht zu erkennen.

Den Rückweg mußten wir zu Fuß bewältigen. Was Vater sagte, galt. Er wählte nicht etwa das Naheliegende, die Kleewunscher Landstraße, die den steilen Plossen hoch und dann über eine Serie von Bergen und Dellen im steten Wechsel führt. Er meinte, es wäre allemal besser, an der Elbe zurückzulaufen bis Gauernitz. Von dort benö= tigten Leute von rascher Gangart, zu denen wir zählten, noch genau eine Stunde elbab bis zu unserem Haus. Aber erst einmal bis dahin gelangen. Die Strecke wollte kein Ende nehmen. Ein Endlosband. Der Hitze war auf Stun= den nicht zu entkommen. Mich plagte der Durst. Wir hat= ten nichts zu trinken mitgenommen. Eine Quelle tat sich

nirgendwo auf. Während dieses strapaziösen Fußmar-
sches auf menschen- und fahrzeugleerer Straße entdeckte
ich die Eigenart des Springkrauts, das am Schatthang unter den hohen Bäumen in Massen wuchs. Berührte ich die
langen schmalen Schoten, sprangen sie wie ein mechanisches Wunderwerk auf. Und ich begriff, wie die Pflanze
zu ihrem Namen gekommen war. Sehe ich heute irgendwo
Springkrautbestände, fällt mir sogleich jener Härtetest
ein, den Vater mir und sich an jenem Hochsommertag
des Jahres 1945 abverlangte. Es sollte nicht der einzige
bleiben.

Als Beweisstück für jenen Tag, an dem ich mich aus
Bücherleidenschaft verweigerte, hinterblieben die Lesebücher. Das Geschichtsbuch, aus dem ich zunächst nur
das Hitlerbild herausgetrennt hatte, habe ich nachmals als
lästigen Ballast über Bord geworfen. Spätestens in den frühen fünfziger Jahren, als ich mich in den Stand gesetzt
hatte, Bücher differenzierter zu wägen, und als es mich genierte, derlei Konterbande unter meinen Drucksachen zu
wissen.

Die zweite Fahrt nach Meißen mußte ich allein antreten, vielmehr ab-sitzen. Dies ereignete sich allerdings erst
drei Jahre später. Ich inzwischen dreizehn. Der Schulab-
gang stand drohend bevor. Drohend deshalb, weil ich
keine rechte Vorstellung hatte, was ich, was aus mir werden sollte, beruflich. Von wollen konnte schon gleich
gar keine Rede sein. Allenfalls dachte ich in deutlicher
Unklarheit und annähernd verzweifelter Unsicherheit an
eine Gärtnerlaufbahn. Vielleicht in einer Baumschule.
Mit Bäumen hatte ich immerhin Bekanntschaft geschlos-

sen. Aber Vater tat diesen nur erwogenen Beruf als brot-
lose Kunst ab. Dort werde nicht mal das Salz an die
Suppe verdient. Gewogen und zu leicht befunden. Meine
Liebe zu den Heilkräutern, die vornehmlich aus einem
Melisse-Tick bestand, ließ sich erst recht nicht auf einen
Beruf zuführen. Irgendeiner der regulären, gängigen
Handwerksberufe wurde mir von vornherein nicht zuge-
billigt. Wohl wußte ich auch keinen, nach dem mir der
Sinn stand. So wurde mir eingeredet, Kaufmann wäre das
Gegebene für so einen aus der Land-Art Geschlagenen
wie mich. Aber die Bewerbungsschreiben um eine Lehr-
stelle als Verwaltungs-, Bank-, Handelskaufmann und
Drogist waren alle samt und sonders abschlägig beschie-
den worden. Die Uhr der Ochsenkutscher war abgelaufen. Stahlwerker waren in Mode gekommen und Wismut-
Kumpel. Aber finde sich einer aus einem Wald heraus,
der aus sieben Birken besteht. So blieb der Einfalt vom
Lande am Ende nur die Oberschule als Notnagel. Dort
durfte man weiterhin Schüler bleiben. Um aufgenommen
zu werden, war jedoch eine Aufnahmeprüfung zu absolvieren. Am 15. März 1948 sollten sich alle Bewerber in
der Ernst-Schneller-Oberschule Meißen auf dem Rats-
weinberg einfinden zwecks Aussiebung. Und dies zu früher Stunde. Wie hingelangen? Mutter machte ausfindig,
daß just an jenem Morgen unser Dorffleischer auf dem
Meißner Schlachthof eine Zuteilung zu gewärtigen hatte.
Er besaß als erster im Dorf wieder ein Lieferauto. So
wurde ich in dessen hinteren Teil verstaut, durfte mich auf
eine der umgestülpten Aluminiumkisten setzen, und ab
ging die Post. Im Fahrerhaus der Fleischer und sein Ge-

selle. Hintendrin im fensterlosen, staubgeschützten Flei‚
scherweltinnenraum – ich. Tatsächlich kam ich rechtzei‚
tig in die Schule auf dem Berg. Und als ich nach Wochen
erfuhr: Prüfung bestanden, ergaben sich aus dieser er‚
freulichen Konstellation schwerwiegende Probleme. Ein
Fahrrad mußte unabdingbar gefunden werden. Darauf
hatte ich dann schleunigst das Fahren zu lernen. Wie an‚
ders hätte ich sonst die Oberschule besuchen können?

Das einzige Fahrrad, das wir besaßen, brauchte Vater,
um zu seiner Arbeitsstelle zu gelangen. Da keine Berei‚
fung aufzutreiben war, behalf er sich eine Zeitlang mit
einem Stück Gummirohr, das er freiweg vom Garten‚
schlauch, der unnütz herumlag, absäbelte und mit Säge‚
spänen stopfte. Und da sich der Inhalt rasch zermüllert
hatte, mußte in kurzen Abständen nachgefüllt werden aus
dem Sack, in den normalerweise gegriffen wurde, wenn es
galt, Schinken und Würste zu räuchern. Eine mühevolle
Arbeit. Aber noch schwieriger war es dann, die Ersatzbe‚
reifung so auf die Felge zu drücken, daß sie nicht gleich
wieder abfiel. Ich sah damals Leute, die auf den blanken
Felgen fuhren. Was zum einen keinen Fahrgenuß ge‚
währte, zweitens kein Tempo ermöglichte und drittens
dazu führte, daß das Vehikel rasch zur Minna gefahren
war. Eine Zeitlang war es »Mode«, eine Mode, die der
Mangel diktierte, Vollgummi stückweise so fest einzupres‚
sen, daß ein scheinbar tadelloser Reifen aufgezogen
schien. Aber wehe, wenn auch nur ein Teilstück vom
Ganzen heraussprang. Dann taten es diesem Stück so‚
gleich alle übrigen nach. Und kaum einem gelang es auf
freier Strecke, die entsprungenen Teile zu einem passenden

Ganzen so einzuzwängen, daß sie dem Rade nicht gleich wieder untreu wurden. Noch als ich Lehrling der Einkaufsgenossenschaft des Bäcker-, Müller- und Konditorenhandwerks zu Meißen war, stand mir ein solch museales Fahrzeug zur Verfügung, um den hundert Genossenschaftern, die es damals im Stadtbereich gab, die Rechnungen, Rundschreiben und sonstige geschäftliche Schriftstücke frei Haus beziehungsweise frei Laden zu liefern zwecks Einsparung des Portos. Aber eingedenk der ebenso lustigen wie abschreckenden Tatsache, daß dem zweiten Lehrling, mir in kaufmännischen Belangen ein Jahr voraus, just das geschilderte Malheur auf einer dieser Spritztouren widerfahren war, drückte ich mich um die Benutzung dieses notzeitgebundenen Fahrzeugs und nahm lieber das Geschäftsrad, auf dessen voluminösen Förderkorb, der über dem Vorderrad angebracht war, ich einmal hundert Kilogramm Mehl befördern mußte. In zwei Papiersäcke gefüllt, die nicht herunterfallen durften. Da ich damals, wenn auch nicht eben der Fliegengewichtsriege zugehörig, das erforderliche Gleichgewicht mit dem Körper noch nicht herzustellen vermochte, hob es das Hinterrad aus, und ich begann, Blut und Wasser schwitzend, mich zum Einradfahrer zu qualifizieren.

Gespeist, aber beileibe nicht gesättigt mit derlei Lebenserfahrungen, die ich als Botengänger machen durfte, ehe ich mich nach Ablegung der Handelsgehilfenprüfung zum Kommis hocharbeitete, bezwang ich das weitläufige Stadtgebiet meist zu Fuß. Und da ich immer vorgab oder bestätigend bejahte, eines der beiden Tretmobile benutzt zu haben, wurde ich ein heimlicher Schnelläufer, um den unvermeidlichen Zeitverzug so gering als möglich zu halten. Alle mir auferlegten Gänge habe ich getreulich erledigt, selbst als ich Sonnabendnachmittag fünf Minuten vor Arbeitsschluß nach Bohnitzsch beordert wurde, um eine Kollektion Weinflaschen abzuholen. Zu meinen Lehrlingsaufgaben gehörte es, jeden Morgen zu den drei städtischen Banken zu traben, um die Kontoauszüge zu holen, was mich sehr bald in den Stand setzte, über die tatsächliche Geschäftslage meiner Firma Bescheid zu wissen wie auch über die Liquidität der Kunden, ihres Zeichens Inhaber mehr oder weniger florierender Bäckereien. Wie oft habe ich späterhin, als ich dem Metier längst untreu geworden war und mein Lebenslauf beträchtliche Schlingerbewegungen vollführte, gerätselt, gemutmaßt, ob aus mir nicht doch ein perfekter Bäcker-Handels-Kaufmann en gros et en detail geworden wäre, der nur mit einer Hand lässig in den Mehlsack zu greifen braucht, um die Type, das heißt den Ausmahlungsgrad, den Feuchtigkeitsgehalt, die Korn- und Mahlqualität beurteilen zu können.

Vater gelang es, das Fahrrad aufzutreiben. Natürlich war dies damals nur im Tauschhandel möglich. Meine Eltern opferten einen halben Zentner Weizen. Weizen entsprach in jenen Hungerjahren der Goldwährung. Das Fahrrad, mein erstes, war nicht eben das, was heute ein Radfahrerherz zu begeistern vermag. Das Vorderrad mußte wohl ursprünglich Teil eines Leichtmotorrads gewesen sein. Die Bereifung bewährte sich auf sandigen Flächen, die allerdings in unserer Gegend nicht vorkamen. Ich war in einer

Granitlandschaft zu Hause. Rotmeißner allewege. Über Steine wurde bei uns oft gesprochen. Kenntnisreich. Vater war Steinmetz und wußte zu unterscheiden. Ich habe es nie gelernt, so perfekt wie er aus dem Geäder der Steine zu lesen, um zu ergründen, wie sie sich am besten bearbeiten lassen. Also kein Sand in Sicht. Es ließ sich nur schwer ausmachen, was an diesem Damenrad ursprünglicher Bestandteil gewesen sein mochte außer dem Rahmen. Ehe ich richtig fahren konnte, begann die Schule. Ab nach Meißen jeden Morgen. Fünfzehn Kilometer Landstraße. Wenige Ebenheiten auf der Strecke. Von jeder Kuppe ging es in die nächste Delle hinunter. Da ich mir zunächst nicht zutraute, den Plossen hinabzuschießen, zumal weder Vorderradbremse noch Kette die nötige Sicherheit boten, opferte ich pro Schultag einen Groschen und stellte das Rad wie andere Mitschüler oben auf der Höhe ein. Dann schwebte ein Pulk von Schülern, die aus dem rückwärtigen südmeißnischen Land schwarmweise einfielen, wie auf Engelsflügeln via Großen und Kleinen Plossen in die Stadt an der Triebischmündung ein. Graue Vorzeit. Sich abstrampeln, um mithalten zu können. O früher Morgen des Beginnens mit Freilauf und Rücktritt. Dieser trotzige Wille, das Letzte zu geben, um pünktlich in der Schule zu sein. Sogleich würde Altlehrer Dr. Gasch die Klassenzimmertür hastig aufreißen und mit einem geübten Weitsprungsatz auf dem Podest stehen. Bloß keine Fisimatenten, gar in einer Tasche kramen oder das Taschentuch entfalten, nein, das niemals. Er stand und hielt bereits das aufgeklappte Lehrbuch in den Händen. Blitzartig fragte er die stehenden Schüler Vokabeln ab.

Erst wenn nach diesem wie geölt herunterraselnden und schnurrenden Exerzitium, das er ritualisiert und das sich bewährt hatte, die Müdigkeit aus den Köpfen gescheucht war, begann der normale Unterricht. Nous avons apris quelques mots de la deuxième leçon. Und wie scharf und schnell er die Sätze herausschleuderte. Obwohl man wußte, wie sein Unterricht ablief, ließ seine Bannkraft die Anspannung, die er zwecks Geistesstählung herausforderte, nie erlahmen. Er wußte, wie man eine Klasse unter Hochspannung hält. Kein andrer Lehrer hatte dieses Tempo drauf und brachte eine solche Forsche auf, angesichts der sich jede Alfanzerei wie von selbst verbot. Außer dem schon in den Siebzigern stehenden Studienrat Dr. Teichmann, von dem die Fama wußte, er beherrsche sechzehn Sprachen, und der als Schulheiliger verehrt wurde, wozu auch sein zeitfremder Spitzbart beigetragen haben mochte, besaß kein Lehrer den Respekt, den wir Eleven der englischen und französischen Sprache durch die Bank, quer durch alle Bänke, Dr. Gasch entgegenbrachten. Nie wären wir auf den Gedanken verfallen, ihn mit einem Kreidehagel einzudecken wie den Mathematiklehrer. Überragendes fachliches Wissen half da wenig, erst recht nicht die vielen fachfremden Abschweifungen, zu denen sich der jugendbewegte Ätnabesteiger und Popularastronom allzugern hinreißen ließ. Schon nach kurzer Zeit wurde er abgeschoben. In einen wehenden Lodenmantel gehüllt, verließ er die Schule und die Stadt. Er war es, der in einer Vertretungsstunde frank und frei behauptete, Wilhelm Raabe sei der größte deutsche Erzähler. Ich glaubte ihm aufs Wort, was nicht schwer war,

denn es stand kein Name dagegen. So wurde ich Raabe-
Leser dank eines Zwischenfalls, der im Lehrplan nicht
vorgesehen war.

Damals geisterte noch das Schreckwort Consilium
abeundi. Es hielt in Schach. Es traf unbotmäßige Schüler,
sofern deren Untaten ruchbar wurden. Wer mochten jene
gewesen sein, die eine hohe Strafe, wenn nicht ihr Leben
riskierten? Kurz vor Beginn der Feierstunde anläßlich des
siebzigsten Geburtstages von Generalissimus Josef Wissa-
rionowitsch Stalin, aus dessen Frühzeit uns Turnlehrer
Müller eine regelrechte Räuberpistole aufgetischt hatte,
war dessen riesiges Bild, auf das wir blicken sollten,
spurlos verschwunden. Ein unglaubliches Vorkommnis.
Nicht zu fassen. Das Bild wurde nie wieder aufgefunden,
die Attentäter, vermutlich unter den Schülern zu suchen,
nie ausfindig gemacht. Zum Glück. Die Neugier plagt
mich noch heute. Wer nur mag diese Störung inszeniert
haben? Die Absicht war überdeutlich. Der weitere Unterricht fiel an diesem Tag aus. Die Hofpause, in die wir geschickt wurden, endete nicht. Stundenlang blieben wir
zwangsweise im Freien versammelt. Mehr in Angst und
Schrecken als in Triumphgefühle versetzt. Ich will mich
da lieber nur auf mich beziehen. Keiner durfte gehen. Die
Feier mußte abgeblasen werden. Und sie wurde auch späterhin nicht mehr nachgeholt. Zu anrüchig, zu heikel.
Nur ja nicht an diesen blamablen Vorfall erinnern. Die
Festgestalter wagten es nicht, sich einen neuerlichen Störfall einzuhandeln. Die politische Stimmung jener Zeit, in
die just die Gründung der Deutschen Demokratischen
Republik fiel, ein Datum, das in meiner Erinnerung kei-

nerlei Spuren hinterlassen hat, was ich mit Bedauern ver-
merke und mir ankreide, bündelte sich vielsagend genug
in diesem demonstrativen Akt, der weit über die Pennä-
lerspäße der »Feuerzangenbowle« hinausging. Wäre es
den Fahndern gelungen, dem Bilderdieb oder Dieben auf
die Spur zu kommen, so hätte das seinerzeit allemal für die
Deportation an die Eismeerküste gereicht oder für eine
hohe Zuchthausstrafe, die im Gelben Elend zu Bautzen
abzusitzen war. Man war da nicht zimperlich. Gerade
wenn es um Jugendliche ging. Nur weil ein vorwitziger
Kleewunscher Junge einen die Ruhmestaten der Roten
Armee glorifizierenden Film mit den Worten kommen-
tiert hatte »Genau wie bei den Nazis!«, durfte er fünf Jahre
im Speziallager Mühlberg verbringen. Aus ebenjener
Schule, die ich seit dem ersten September 1948 besuchte,
war Christian Bancke, ein Junge aus unserem Dorf,
vier Jahre älter als ich, im Dezember 1945 von der Schulbank weg, aus dem Unterricht heraus, verhaftet worden
und auf Nimmerwiedersehen verschwunden. Seine Geschichte wird an anderer Stelle zu erzählen sein. Auf Erlebnisse dieser Art sollten sich generative Ängste gründen, die sich auch dann nicht mehr so leicht abbauen
ließen, als man eine Lippe riskieren konnte, ohne Gefahr
zu laufen, im Gelben Elend oder jenseits des Ural zu
landen. Von jenen finsteren Zeiten her mag so manches
Stillhalteabkommen mit Stiefvater Staat getroffen worden
sein. Sicher, es führte dann allmählich in eine Bequemlichkeit hinüber und hinein, die hinwiederum von Jüngeren leicht zu verspotten und zu verachten war.

An der Oberschule waren ab 1947 sogenannte S-Klas-

sen eingerichtet worden. S stand für Sonder-. Dieser
neumodische Appendix, der die bürgerliche Schutz- und
Trutzburg aufweichen sollte dank proletarischen Klassen-
bewußtseins, begann erst mit dem neunten Schuljahr. Die
alten Gymnasialklassen bestanden daneben weiter. Deren
Schüler waren natürlich weit besser, gründlicher, sy-
stematischer vorgebildet als wir Unschuldslämmer aus
vorwiegend ländlichem Einzugsbereich. Darunter ins
Groteske gesteigerte Fälle. Personifikationen des Nach-
kriegselends und der mit ihm einhergehenden Armut, die
gegen die alteingesessene, sich betont bürgerlich gebende
Schülerwelt sichtlich abstachen. Zum einen durch puren
Hochmut, von dem herab sich mit um so größerer Distanz auf uns arme Schlucker heruntersehen ließ. Zum
andern durch die althergebrachten Schülerrituale samt
ihren verbalen Zutaten, die uns fremd waren. Also wurde
durch die Schülerschaft von langer Hand ein Keil getrieben. Ich höre noch heute die empört-verächtliche Bemerkung eines gesitteten und korrekt gekleideten Bürgersoh-
nes, für den unsereiner nur zweite Wahl war, als einer der
S-Klassen-Mitschüler barfuß das Schulhaus zu betreten
wagte. So etwas Ungehöriges, das so penetrant nach
Armenhaus roch, war den heiligen Hallen noch nicht
widerfahren. Ein anderer besaß keine langen Hosen. Er
trug lange Strümpfe, die von Strumpfhaltern am Rutschen
gehindert wurden. Wie fatal, sich daran zu erinnern, daß
man ja selbst vor noch nicht allzu langer Zeit ein Leib-
chen trug, um über den Winter zu kommen. Auch mein
Aufzug, ich will mich da nicht heraushalten und den Finger nur auf andre richten, muß auffallend deplaciert gewe-

sen sein. Die Kinderschuhe waren zu eng geworden, auch wenn die Hungerzeit das Wachstum nicht sonderlich förderte. Passende Schuhe ließen sich nicht auftreiben. Der Rittergutskutscher, der mich einst auf sein falbes Kaltblut gesetzt und nun auf Neubauer umgesattelt hatte, vermachte mir ein Paar Knobelbecher, die noch recht stabil aussahen. Nur hatten sie den empfindlichen Nachteil, daß ihr Leder knochenhart geworden war, völlig steinern, daß es sich von keiner Stiefelwichse mehr erweichen ließ. So rieb ich mir die Knöchel blutig. Was aber zum Glück nicht zu sehen war. Zu diesem rustikal-militanten Schuhwerk, mit dem ich meine Herkunft deutlich herausstellte, trug ich kurze Lederhosen, die ich schon als Grundschüler weidlich abgewetzt hatte. Und da ich wie andere Schüler, die alle noch einen bestimmten Spruch im Ohr hatten, auf eine zur Schau getragene Abhärtung aus war, nahm ich in diesem Aufzug selbst Frostgrade in Kauf. Mütze und Schal verachtete ich sowieso als Zeichen der Verweichlichung. Die einzige lange Hose, die ich zu jener Zeit besaß, war von einer Dorfschneiderin angefertigt worden. Maßarbeit! Allerdings auf einen Stoff verwendet, der jeder Beschreibung spottete. Mutter hatte ihn für einen Sack Lumpen einhandeln können. Eine findige Textilfabrik war auf den zeitgerechten Dreh gekommen, Scheuerhaderstoff nicht mehr zu zerstücken, sondern im Ballen als Meterware anzubieten. Nur mit dem feinen Unterschied, das bekannte und seit Menschengedenken bewährte Scheuerhadergrau schwarz einzufärben. Das gab dem groben Tuch für den ersten Moment sogar einen noblen Anstrich. Aber halt nur im ersten Moment bloßer

Betrachtung. Es dauerte nicht lange, und ich lief wie ein wandelnder Scheuerhader auf zwei Beinen herum. Zuerst zerfaserten die Knie, der Rest ließ nicht lange auf sich warten. Der Stoff kam der Hose, die wie Sack an mir hing, einfach abhanden. Also hieß es, ab in den Lumpen‚ sack mit dem Klumpatsch, der vor kurzem eine Hose gewesen sein sollte. Wieder Gutscheine gesammelt. In der Hoffnung, daß es dafür besseren Hosenstoff ge‚ ben möchte. Aber ich will die Geschichte von Hose zu Hose nicht weiter ausspinnen. Die Kunstfaserproduktion steckte noch in den Kinderschuhen. Ob der Erfinder der Rundstrickhose bereits geboren war, weiß ich nicht mit Bestimmtheit zu sagen.

Schlimmer, weit schlimmer, viel empfindlicher war der Hunger. Das alle anderen Regungen übertrumpfende Gefühl, nie satt zu sein. Nie mehr satt zu werden. Sich niemals satt essen zu können. Um das chronische Magen‚ knurren wenigstens etwas zu dämpfen, war eine Schul‚ speisung eingeführt worden. In den knapp zwei Jahren, die ich die Oberschule besuchte, variierte die uns zuge‚ dachte Speise von Zeit zu Zeit. Vermutlich, um uns vor einseitiger Ernährung zu bewahren. So gab es eine Zeit‚ lang jeden Tag eine Scheibe sehr hart geröstetes Brot, an der man lange zu kauen hatte und das an Schiffszwieback erinnerte, den die Benutzer der Schulbibliothek immer‚ hin als literarisches Nahrungsmittel kannten. Unsere von Mitschülern verwaltete Bibliothek besaß eine reichhaltige Kollektion von Reisebeschreibungen, von denen ich ver‚ mutlich keine ausgelassen habe. Zeitweilig verwandelte sich das Röstbrot in ein Roggenbrötchen, womit Ge‚

schmacksverfeinerungen hinreichend angedeutet sein mögen. Mein Banknachbar, Klassenwiederholer wegen fläzigster Faulheit, Sohn eines Obstplantagenbesitzers aus der reichen Lommatzscher Pflege, auf deren Löß die sogenannten Samtbauern besonders prächtig gediehen, verachtete derlei Zubrot und verweigerte die Annahme mit der Bemerkung: »So was frißt bei uns derheeme nich ma dor Hund.« Merkwürdig, wie ausgezeichnet dieser nebensächliche Nebensatz, den ich um kein Jota stilisiert habe, sich so fest eingebrannt hat als eine der gnadenlosen verbalen Zutaten, die einem Leben mitgegeben oder angehängt werden. In jeder Klasse gab es einen Verantwortlichen für die Verteilung der hungerbesänftigenden Rationen. Ein Vertrauensposten, für den die Bezeichnung Semmelfritze erfunden worden war. Um diese tägliche Verteilungsarbeit, das ewige Gerenne mit den Körben effizienter zu gestalten, war jemand auf die Idee verfallen, vermutlich ein Bibelkundiger, den Schülern pro Dekade ein Pfundbrot zu überreichen. Frisches Roggenbrot. Wer kann und will sich heute noch vorstellen, welche Kostbarkeit ein Brot war.

In der Blütezeit des Schwarzhandels boten die Städter achtzig Mark für ein Zwei-Kilo-Roggenbrot. Mag sein, daß Gerste und ein paar Haferschalen zur Streckung beigemengt waren. Aber wenn der Bäcker mit einer ins Wasser getauchten Bürste zur rechten Zeit drüberfuhr, bekamen die Brote den appetitlichen Krustenglanz, als wäre das Wasser ein Lack gewesen, so daß einem beim bloßen Anblick das Wasser im Munde zusammenlief. Ich habe als Kind viele Mühlenbrote glasieren dürfen, was mich ein ganzes Leben lang mit echtem Handwerkerstolz erfüllt, der von sich guten Gewissens sagen kann: Meine Hand für mein Produkt. Ich weiß also, wovon ich rede. Das Glasieren und sonstige Hantieren in der Backstube ging so lange gut, bis eines der Backstubenheinzelmännchen sich zu oft in der Schragenkammer aufhielt und die Spuren, die es dort hinterließ, zu offensichtlich geworden waren. In die Schragenkammer waren die ausgefahrenen, das heißt mit dem Brotschieber aus dem altdeutschen Backofen, ein Werk des weit im Lande berühmten Backofenbaumeisters Kohlstrunk, gezogenen Brote zwecks Abkühlung zu transportieren. Waren genügend Hände zur Stelle, wurden sie in Kette durchgereicht. Und da sie sehr heiß waren, hieß es, schnell weiter. Also einem der juvenilen Helfer neben mir hatten es besonders die beim Backen entstandenen Aufbrüche und Auswulstungen angetan. Meist ließen sich diese ausgetretenen Anhängsel leicht abbrechen, ohne daß dieser Mundraub zu bemerken war von Felix, dem Bäcker, und vom Kunden. Welcher Kunde ist schon so pingelig, sich sein Brot auf die Waage legen zu lassen? Aber da der Hunger und die Gier auf frisches Brot mitunter unbezähmbar zu werden vermögen, begann der Übeltäter die Brote auszunehmen, sich als Höhlenbauer zu versuchen. Dies blieb natürlich nicht unbemerkt und hatte zur Folge, daß wir Kinder allesamt aus der Backstube verbannt wurden und meine Bäckerlaufbahn, die mir späterhin immer wieder angedichtet wurde, ein unrühmliches Ende nahm, obwohl sich meine Krustenkostproben immer im Rahmen des Unauffälligen gehalten hatten. Erst Jahre später, nach dem Krieg, sollte ich wie-

der helfen dürfen bei der arbeitsaufwendigen Zwieback-
herstellung im Handbetrieb. Mit einem Messer ausgerüstet, saßen wir rundum an einem großen Küchentisch und
halfen der »Meestern« beim Einbackschneiden. Die Ein-
backrolle war in Zwiebackscheiben zu zerlegen. Eine
leicht zu erlernende Arbeit, die in ihrer stupiden Monoto-
nie längst nicht so faszinierend war wie das Helfen und
Beobachten vorm Ofen, in der Backstube, wo auf langen
Tafeln gewalkt und in der Knetmaschine gemengt wurde.
Hätte ich damals nicht so begeistert das Bäckerhandwerk
von der Pike auf studiert, wüßte ich vermutlich bis heute
nicht, wie Sauerteig schmeckt und was es mit Sauer und
Vorsauer auf sich hat. Doch ich werde mich hüten, die
Geheimnisse einer Backstube preiszugeben. Erst beim
Brotbacken zeigt sich der wahre Meister der Backkunst.
Und meist, Ausnahmen bestätigen bekanntlich die Regel,
ist es so: Versteht einer gutes Brot zu backen, lassen die
Semmeln zu wünschen übrig, und umgekehrt. Ich weiß
von einem Meißner Bäcker zu berichten, dessen Spezia-
lität ein besonders festes Brot war, eines, das kaum Poren
aufwies. Zu seinen Stammkunden gehörten vorzugsweise
Bauern, die mit dem Pfennig zu rechnen wußten. Kauften
sie ihr Brot bei dem Bäcker, der auf ausreichende Porung
verzichtete, so sparten sie Butter, das heißt vorwiegend
ihre Dienstleute. Bei einem locker gebackenen Brot mit
einer Lochstruktur, die mitunter an Schweizer Käse erinnert, wird man ganz ohne böse Absicht zu einem viel
höheren Butterverbrauch verführt. Also machte besagter
Meißner Bäckermeister gute Geschäfte dank einer ökono-
misch denkenden und handelnden Landkundschaft. Das

war zu jenen Zeiten, als die Stadt Meißen noch an die hundert größere, mittlere und kleine Bäckereien aufzuweisen hatte, deren weitgestreuten Standorte mir nur allzu geläufig waren. Ehe ich in Versuchung gerate, deren Vorzüge und Spezialitäten aufzulisten, kehre ich zurück zur Schulspeisung des Jahres 1948/49.

Es muß einer der ersten sonnigen Frühjahrstage im Jahr 1949 gewesen sein. Wir hatten wieder einmal eines dieser begehrten frischen Pfundbrote eingesackt und fuhren zu zweit nach Hause. Um nicht stets auf der langweiligen Landstraße fahren zu müssen, probierten wir Nebenwege aus, die sich jedoch als Umwege erwiesen, wie wir feststellen mußten. So daß wir dann statt der sechzig bis achtzig Minuten zwei Stunden und länger unterwegs waren. An jenem Tag, der uns das Brot und seinen Geruch beschert hatte, fuhren wir auf der Elbchaussee, die ich von dem Fußmarsch im Juli 1945 noch ungut in Erinnerung hatte, bis Scharfenberg. Dort bogen wir ab, schoben unsere Räder den Schachtberg hoch, auf dem noch bis kurz vor der Jahrhundertwende das Silbererz mit Pferdefuhrwerken nach Freiberg gekarrt wurde. Auch Kurgast Gerhart Hauptmann soll sich da umgetrieben haben, von einer Heilquelle angelockt, die ebenso rasch wieder versiegte, wie sie aufgesprudelt war. Aber was galten uns Silber und Hauptmann an diesem Tag? Sein Fahrrad einen steilen Berg hochschieben zu müssen erzeugt nur selten angenehme Gefühle, noch dazu, wenn der Magen knurrt.

Auf der Höhe legten wir, sichtlich erschöpft und von der Frühjahrsmüdigkeit gezeichnet, eine Rast ein. Die Frühjahrssonne lud ein, auf einem Rasenstück zu lagern.

Unser Begleiter über die Jahre hin, der Hunger, meldete sich nun erst recht und war nur schwer zu beschwichtigen. Das Brot im Rucksack wollten wir unangeschnitten nach Hause bringen gleich einer Trophäe und als sichtbares Zeugnis dafür, wie deutlich wir besseren Zeiten entgegengingen. Aus dem Kriegs- und Nachkriegselend spürbar heraus. Der neben mir sitzende Schüler besuchte das letzte Schuljahr und bereitete sich auf das Abitur vor. Er stammte aus einer preußischen Offiziersfamilie. Sein Vater, ehemals Oberst der deutschen Wehrmacht und mithin Berufssoldat, war weit weg, sehr weit östlich in Kriegsgefangenschaft. Und dies sollte noch einige Jahre währen. Erst nach dem Besuch Adenauers in Moskau durfte er sich in den letzten Schub heimkehrender Offiziere einreihen. Mit seiner Mutter und einer jüngeren Schwester war Konrad kurz vor Kriegsende wie so viele andere auch in unser Dorf gelangt mit einem der Transporte, die aus Königsberg kamen. Die Einführung ins Oberschulleben, zu dem ein Theaterbesuch gehörte, dankte ich ihm. Er hatte mich mit den Gepflogenheiten des Schulalltags vertraut gemacht. Von ihm erfuhr ich, was von den Lehrern zu halten war, wo sie politisch standen. Mit seinem Klassenlehrer Lorenz, der in dem Rufe stand, der beste Physiklehrer der Penne zu sein, hatte ich im ersten Schuljahr oft zu reden. Meiner Erinnerung kommt es so vor, ich denke heute, sie wird übertreiben, als habe ich bei ihm so ziemlich jeden zweiten Tag eine Entschuldigung für meinen Mentor abgeben und aussprechen müssen. Immer an derselben Stelle, vor der Tür des Lehrerzimmers, was mich ohne Grund genierte: »Herr Leh-

rer, Konrad Lehmann läßt sich entschuldigen für die ersten beiden Stunden. Der Fahrradschlauch hält wieder
keine Luft. Er muß noch flicken.« Was damals der bit-
tersten Not und dem Mangel geschuldet war, nimmt
sich heute, wo die Beschaffung eines popligen Fahrrad-
schlauchs kein Thema mehr ist, allenfalls als ein lusti-
ger Schnörkel aus. Aber damals entschied ein Fahrradschlauch mitunter, ob einer das Abitur bestand oder
nicht. Besagter Schlauch hätte längst ausrangiert werden
müssen, vielfach gestückelt, geflickt und durch und durch
porös, wie er war. Mit einer Stetigkeit, die an eine überirdische Boshaftigkeit grenzte, kam er bei unseren gemeinsamen Rückfahrten nie weiter als bis auf die Soraer Höhe.
Spätestens dann mußte er absteigen und das Rad schieben, weil Vorder- oder Hinterrad einen Platten hatte.

An jenem Sonnabendnachmittag schätzten wir uns
glücklich, ohne es uns sagen zu müssen, in der Sonne liegen zu dürfen und ein Brot im Gepäck zu wissen. Welch
ein verführerischer Duft. Konrad Lehmann zückte sein
Taschenmesser, schnitt schweren Herzens den Kanten ab.
Der Geruch war zu betäubend, geradezu betörend, also
auf eine quälende Weise verführerisch, daß jeder Wider-
stand unter der Frühlingssonne dahinschmolz. Konrads
anerzogene Disziplin, für die der aus altdeutschen Zeiten
stammende Begriff Prussian correctness wohl am ziel-
sichersten trifft, muß wie eine Kastanienschale im Herbst
von ihm abgefallen sein. Aber das Ränftel, um es in unserer Dorfsprache zu sagen, tat unheilvolle Wirkung. Der
Kanten frischen Brotes hatte einen Heißhunger geweckt,
der sich nun nicht mehr unterdrücken ließ. Runksen um

Runksen abgesäbelt und gegessen, hintereinanderweg, bis nichts mehr übrig war von dem Pfund. Ich, ein schlichter Epigone, tat es meinem Nebenmann gleich. Ich kupferte ab. Ließ mich hinreißen zur Verspeisung des Brotes auf einen Ritt.

Nie wieder in meinem späteren Leben habe ich derlei Gefräßigkeit an Brot ausgelassen, und nie wieder habe ich Brot als eine solche Kostbarkeit erkannt und genossen.

INHALT

Ulrich Peltzer
Bryant Park

Erzählung
160 Seiten. Leinen
ISBN 3-250-60035-0
MERIDIANE 35

Nachmittag in Manhattan. Im Bryant Park laufen die Vorbereitungen fürs Open air-Kino; ein Mann sitzt in der Public Library und durchforstet Namensregister, seine Gedanken schweifen ab. In der 36. Straße stürzt ein Gerüst zusammen. Ausnahmezustand. Katastrophenmeldungen, live und in Farbe, stoßen Erinnerungen an weiter zurückliegende, selbst erlebte Geschichten an: ein gescheiterter Drogendeal in Neapel, der allmähliche Verfall und Tod des Vaters. Und sie verweisen auf das, was an Brüchen noch kommen wird.

In einer atemberaubend klaren Sprache macht Ulrich Peltzer sinnlich nachvollziehbar, wie Wirklichkeit entsteht und auf welch schwankendem Boden sich Lebensläufe aufbauen.

»*Bryant Park* ist die erste literarische Erzählung des 11. September. Und es ist eine hervorragende Erzählung.«
Volker Weidermann, Frankfurter Allgemeine Sonntagszeitung

»Ein Glücksfall für die Literatur.«
Ursula März, Frankfurter Rundschau

Platz 1 der SWR-Bestenliste im April 2002
Buch des Monats Mai 2002 der Darmstädter Jury

Ammann Verlag
www.ammann.ch